JOËL DE LYRIS

TRAITÉ

DE

VERSIFICATION

FRANÇAISE

Nouvelle édition complètement refondue

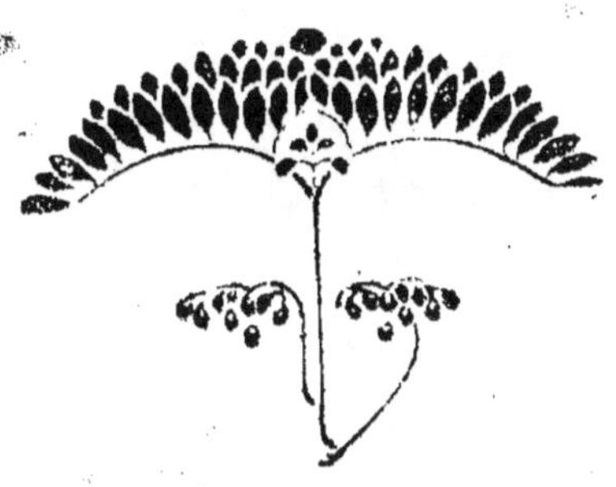

MAISON DE LA BONNE PRESSE
5, rue Bayard, Paris-8·

TRAITÉ

DE

Versification Française

Joël de LYRIS

TRAITÉ

DE

Versification

FRANÇAISE

—

(Nouvelle édition, revue et corrigée)

PARIS, 5, RUE BAYARD

INTRODUCTION

**Il est utile
de connaître les lois de la versification française.**

Tout le monde ne peut pas être poète!
On s'est même accordé à reconnaître, de tous temps, que le talent poétique est un don naturel, qui relève de
l'inspiration spontanée, et qui ne peut
s'acquérir par la seule pratique de la
versification.

Mais, en revanche, tout le monde possède — plus ou moins développé — le
sens de ce qui est poétique, c'est-à-dire
que tout le monde est plus ou moins
capable de goûter le charme de la poésie.
Ce goût est susceptible d'éducation. On
peut, par l'exercice, et d'abord par la
connaissance des règles de l'art poétique,
l'étendre, l'affiner.

Or, à notre époque de vie intellectuelle intense, on est constamment appelé
à faire usage de cette faculté. Même dans
les milieux les moins littéraires, il y a toujours une petite place pour la poésie.
C'est la fable, la chanson, le compliment
en vers que l'on désire faire apprendre
aux enfants; c'est un cantique, une
romance, un monologue que l'on veut
choisir; c'est un recueil de poésies dont

on ferait volontiers sa lecture habituelle.

Certes, on aura tôt fait de discerner la valeur de ces œuvres au point de vue religieux et moral, et d'éliminer tout ce qui est malsain, suspect ou léger. Mais comment apprécier sainement leur mérite littéraire, si l'on ignore tout de l'art des vers? Tel morceau dont les idées vous séduiront pourra être déplorablement incorrect au point de vue poétique.

Dans les milieux intellectuels très cultivés où l'on peut être appelé à vivre, il importe de ne pas rester dans une semblable indécision. Il est bon, il est utile que chacun soit suffisamment renseigné sur la versification française, pour pouvoir reconnaître, dans les divers genres de poésies, ce qui est conforme aux règles et ce qui s'en écarte.

Non seulement cela permettra d'éviter des choix fâcheux ou des jugements erronés, mais on goûtera beaucoup mieux le charme des poésies bien faites. Les vers sont d'autant plus séduisants pour un lecteur que celui-ci est plus capable d'apprécier tout l'art avec lequel le poète les a composés.

Il peut être parfois agréable, et même utile, de savoir tourner quelques vers de circonstance, pour une fête ou à toute autre occasion. Ces poésies familières reçoivent toujours un excellent accueil, parce qu'elles témoignent du désir que l'on a de faire plaisir. On ne leur demande guère que la cordialité et l'expression de bons sentiments, mais encore faut-il, si l'on se mêle de rimer, qu'on le fasse suivant les règles.

La connaissance de ces règles est surtout utile lorsqu'il s'agit d'apporter des corrections à des poésies qui seraient excellentes si elles n'étaient déparées par des mots fâcheux ou peu en situation. Alors, si l'on sait versifier correctement, il est facile de remplacer des mots, des phrases, des vers entiers, sans rompre l'harmonie du rythme et de la rime.

Enfin, comme exercice littéraire, comme distraction intellectuelle, l'art de faire les vers est un de ceux qui donnent le plus de satisfactions. Nous ne parlons pas ici des satisfactions d'amour-propre, qu'il n'est jamais nécessaire d'encourager, mais de la satisfaction personnelle, tout esthétique, que l'on éprouve à avoir su exprimer ses idées en vers bien tournés. Il y a tels albums particuliers, où l'on trouve de jolies poésies sans prétention, qui n'ambitionnent pas la publicité, et qu'on lit avec plaisir.

A plus forte raison, les connaissances relatives à la versification sont-elles indispensables à ceux et à celles dont les essais poétiques sont destinés à être publiés. La première des conditions, pour des vers, c'est d'être sans fautes techniques, et il est impossible d'éviter ces fautes, si l'on ne sait pas en quoi elles consistent.

Pour ces divers motifs, nous avons rassemblé dans ces pages les indications pratiques indispensables et mises à la portée de tout le monde, tant pour juger sainement que pour composer correctement tous les genres de poésie.

A cet effet, nous commençons par bien pénétrer l'esprit du lecteur de la différence essentielle qui distingue la prose du vers rythmé.

Nous montrons le rôle, l'importance, le caractère du rythme, et nous en rappelons les lois. Nous indiquons le rôle joué dans le vers par la rime, et les conditions qu'exige de celle-ci la versification française. Puis nous étudions les divers genres de vers et les divers genres de poésie. Enfin, nous terminons par des conseils aux débutants, conseils essentiellement pratiques, tant pour la facture des vers que pour le choix des idées.

Bien que nous nous soyons efforcés d'exposer tous ces préceptes avec la plus grande clarté, pour en mettre en pleine lumière le mode d'application, nous les avons accompagnés d'exemples nombreux, choisis parmi les plus typiques, et empruntés aux meilleurs auteurs.

Ce livre ne fera pas des poètes, mais il mettra ses lecteurs en mesure de bien apprécier tous les genres de poésie et même, à l'occasion, d'exprimer en bons vers leurs bonnes idées.

CHAPITRE PREMIER

Caractères essentiels des vers.
Nature et mécanisme de la versification.

C'EST toujours avec un sourire que l'on se remémore la scène du *Bourgeois Gentilhomme* dans laquelle M. Jourdain apprend avec stupéfaction qu'en parlant comme tout le monde il fait de la prose sans le savoir.

Dans ce sourire entre, pour une grande part, un sentiment de satisfaction vaniteuse. On se figure qu'on ne possède pas soi-même une aussi forte dose de naïveté et que l'on sait parfaitement, depuis longtemps, ce que c'est que de la prose !

Eh bien ! Ce n'est pas absolument certain !... Car, il y a prose et prose.

— Faire de la prose, dites-vous, c'est parler comme tout le monde !

Mais tout le monde ne parle pas de la même façon !... Et même, chaque personne, suivant les circonstances dans lesquelles elle se trouvera, s'exprimera de bien des manières différentes.

Ce sera toujours de la prose, sans doute, mais parfois une prose d'un caractère spécial, dans laquelle nous allons trouver une sorte de rythme qui l'achemine vers la poésie. Et ce sera le meilleur moyen que nous puissions employer pour bien faire comprendre quelles particularités distinguent cette dernière de la prose.

Voyez ce jeune enfant qui babille en jouant. Il fait de la prose, naïve, prime-sautière, sans la moindre préoccupation d'enchaîner des périodes. Mais, qu'il vienne à commettre une fredaine, et que que sa mère, irritée, le menace d'une punition, le martinet ou le cabinet noir, vous allez voir comme il va devenir éloquent :

— Oh! maman, je t'en prie, ne me punis pas! Je t'assure que je ne l'ai pas fait exprès! Je te demande pardon! Je ne recommencerai plus. Maman! Petite maman! Pardonne-moi! etc.

Croyez-vous que ce soit de la prose ordinaire? Ne sentez-vous pas, dans ces phrases coupées, le rythme d'une émotion..., la crainte!

J'ai vu un ouvrier qui rentrait au chantier. Jovial, plein de bonhomie, il interpellait gaiement ses compagnons en vulgaire prose.

Soudain il s'aperçoit que, pendant son absence, un camarade peu scrupuleux a vidé son bidon de vin. Aussitôt, il gesticule et s'écrie :

— Quel malheur!... On ne peut pas tourner le dos sans être volé par un « feignant »... Canaille!... Misérable!... Scélérat!... Brigand!... Bandit!... Voleur!... etc.

C'est de la prose scandée, *mesurée*, tombant à intervalles égaux, sous le coup d'une violente émotion..., la colère!

Il en sera ainsi toutes les fois qu'une émotion viendra agiter un individu ou une foule. Dans toutes les phrases, dans tous les cris, s'introduira un rythme.

Quel souffle, quelles vibrations puissantes nous avons senti passer, lors des inventaires, dans ces cris qui retentissaient de toutes parts :

Vive la liberté!... A bas les sectaires!... A bas les voleurs!...

C'était l'âme du peuple chrétien scandant son indignation. *Facit indignatio versus.*

°
° °

Ce phénomène est inné dans la nature humaine. Toute émotion se traduit par des mouvements cadencés, dans les gestes comme dans les paroles. Il en a été ainsi de tous temps et partout.

Il est particulièrement remarquable de retrouver le plus ancien exemple de ce fait dans l'Ecriture Sainte.

Dans la *Genèse* (iv, 23), Lamech, descendant de Caïn, fait à sa famille une grave révélation.

Jusqu'à ce passage, Moïse a écrit en prose. Mais lorsque Lamech parle, *sous le coup d'une vive émotion*, l'auteur sacré le fait s'exprimer en vers, dont voici la pâle traduction :

Ecoutez ma voix, épouses de Lamech,
Soyez attentives à mes discours.

Car j'ai tué un homme dans ma blessure (d'amour-
Et un adolescent dans mon envie.   (propre)

Une septuple vengeance sera donnée de Caïn,
Mais, de Lamech, une soixante-dix fois septuple.

Puis, le récit de la Bible se poursuit en prose, et l'on ne retrouve plus de vers que dans l'*Exode* (xv), pour le cantique d'actions de grâces des Hébreux après le passage de la mer Rouge.

Les vers hébraïques n'ont ni mesure ni rime. Ce qui les caractérise, c'est le *parallélisme des idées*, se répétant sous deux formes différentes, de façon à constituer, deux par deux, des phrases de sens approchant.

La cadence de cette poésie se trouve dans cette *répétition*. Nous en avons un exemple typique dans le psaume *In exitu*, car le *parallélisme* y transparaît même dans la traduction.

> Quand Israël sortit de l'Egypte,
> La maison de Jacob, du sein d'un peuple barbare,
>
> . . . .
>
> La mer vit et s'enfuit
> Le Jourdain retourna en arrière,
>
> Les montagnes sautèrent comme des béliers
> Et les collines comme des agneaux.

Plus loin se trouvent ces vers parallèles si connus :

> Les idoles des gentils sont d'argent et d'or
> Ce sont des œuvres de la main des hommes.
>
> Elles ont une bouche, et elles ne parlent pas ;
> Elles ont des yeux, et elles ne voient point ;
> Elles ont des oreilles, et elles n'entendent pas
> Elles ont des narines, et elles ne sentent pas ;
> Elles ont des mains, et elles ne touchent pas ;
> Elles ont des pieds, et elles ne marchent pas ;
> Aucun cri ne sort de leur gosier.

Il y a souvent dans la poésie hébraïque, comme dans cette strophe, un *parallélisme* répété à plusieurs reprises.

Le *parallélisme* n'est pas toujours aussi visible, mais il y a bien des psaumes où il reparaît, même dans la traduction.

Ainsi (psaume *Lauda Jerusalem*) :

> Jérusalem, loue le Seigneur ;
> Sion, loue ton Dieu,
> Qui donne la neige (blanche) comme la laine
> Qui répand la brume (grise) comme la cendre.

Ou encore (psaume *Levavi oculos*) :

> Le soleil ne te brûlera pas pendant le jour
> Ni la lune pendant la nuit.

Ce caractère spécial de la poésie hébraïque renferme un grand enseignement au point de vue qui nous occupe. C'est, en effet, la démonstration directe que proprement, essentiellement, *la cadence fait le vers*, en dehors même du rythme et de la rime.

Entre autres formes diverses qu'affecte cette cadence, elle résulte, dans la poésie hébraïque, de la *répétition des idées*. C'est-à-dire que, de même que la rime est une *répétition de sons*, de même le *parallélisme* hébraïque est une répétition d'idées.

Mais il ne faudrait pas croire que cette forme particulière de cadence soit limitée à la poésie hébraïque.

Ainsi, ces vers bien connus de Virgile relèvent autant de la *cadence du parallélisme* que du *mètre latin*, et il s'y ajoute même la rime :

> Sic vos non vobis nidificatis, aves ;
> Sic vos non vobis vellera fertis, oves ;
> Sic vos non vobis mellificatis, apes ;
> Sic vos non vobis fertis aratra, boves.

Ce qui veut dire :

> Non, ce n'est pas pour vous que vous nidifiez, oiseaux ;
> Non, ce n'est pas pour vous que vous portez des toisons,
> [moutons ;
> Non, ce n'est pas pour vous que vous butinez, abeilles ;
> Non, ce n'est pas pour vous que vous traînez la charrue,
> [bœufs.

Victor Hugo, auquel on ne peut méconnaître — quels que soient les graves défauts de ses œuvres — le génie inné de la poésie, a utilisé non seulement le rythme et la rime, mais aussi pour ainsi dire instinctivement la répétition, tout à fait à la manière hébraïque.

On retrouve ce parallélisme jusque dans sa prose. On le retrouve d'ailleurs, pour peu que l'on soit attentif, dans de nombreux passages de prosateurs et de poètes, tellement il fait partie de l'essence même du langage *émotif*.

Car, il ne faut pas s'y tromper, si l'émotion

ne s'exprime pas toujours en vers, elle prend toujours une forme cadencée, même dans la prose.

C'est pourquoi nous écrivions, au début de ce chapitre : « Il n'est pas absolument certain que vous sachiez exactement ce que c'est que de la prose, car il y a prose et prose! »

C'est ce que nous allons continuer à démontrer.

⁂

Napoléon I", qui s'y connaissait, affirmait ceci :

— La répétition est la plus puissante des figures de rhétorique!

C'est que la rhétorique a principalement pour but d'*émouvoir*, et que, pour atteindre ce but, elle emploie les mêmes moyens que la poésie, c'est-à-dire la cadence sous toutes ses formes.

Les plus belles œuvres d'éloquence sont en prose cadencée. Relisez l'*Oraison funèbre de la reine d'Angleterre*, de Bossuet :

« Celui qui règne dans les cieux, — et de qui relèvent tous les empires, — etc. »

Il n'y a, dans ces phrases, ni rythme, ni rime, mais il y a une *cadence* sensible. Ce ne sont pas des vers, mais ce n'est pas non plus de la prose ordinaire, *car ce n'est point ainsi que parle tout le monde!*

L'écrivain lui-même, pour peu que son sujet l'émeuve, se trouve entraîné, sans s'en apercevoir, à cadencer ses phrases, et quelquefois à tel point que l'on peut y relever un grand nombre de vers sans rimes, mais parfaitement rythmés.

Molière qui, en sa qualité de comédien, avait un sens très vif de la scène, des émotions qui rythment les gestes et les paroles de l'acteur, accumule parfois les phrases *métriques,* dans ses œuvres en prose.

Ainsi, sa comédie *le Sicilien* débute ainsi :

« Il fait noir comme dans un four !... Le ciel s'est habillé ce soir en Scaramouche, et je ne vois pas une étoile qui montre le bout de son nez... »

Coupez ces quatre phrases :

> Il fait noir comme dans un four !
> Le ciel s'est habillé ce soir en Scaramouche,
> Et je ne vois pas une étoile
> Qui montre le bout de son nez.

Ce sont quatre jolis vers. La rime n'y est pas, mais le rythme y est.

Sous ce rapport, il n'y a rien de plus extraordinaire que la prose de Michelet, auteur détestable, mais écrivain de race. Le mètre alexandrin y est continuel, obsédant, fatigant.

Sauf la rime, Michelet écrit en vers. Il n'est pas rare de relever dans sa prose *de vingt à trente vers par page,* et parfois de fort beaux. Souvent l'hémistiche bronche sur les muettes, mais cela ne se sent pas trop à l'oreille. C'est toujours la même harmonie, le même son.

Il appelle les Juifs :

> Cailloux du Sinaï, taillés au fin rasoir.

Parlant de l'empire romain, il écrit :

> Aux Grecs on demandait la règle de la vie.
> ...Chaque empereur avait
> Son Grec qui modérait, adoucissait, calmait.
> Auguste, sans le sien, n'aurait été qu'Octave.

Nous donnons à ces phrases la forme de vers, afin de bien faire ressortir leur rythme, mais il ne faut pas oublier que c'est de la prose.

On pourrait citer des pages entières, où même les hiatus sont tellement adoucis qu'ils semblent invisibles.

N'est-ce pas curieux ?

C'est que Michelet a véritablement le don poétique et il a employé dans sa prose tous les charmes du rythme, mais il n'a pas voulu s'asservir à la rime.

De ces considérations se dégagent des notions bien nettes relativement aux diverses formes littéraires qui s'échelonnent de la prose ordinaire à la poésie en vers français. Ce sont :

1° *La prose cadencée*, dont nous avons emprunté à Bossuet un exemple typique, et que l'on retrouve chez beaucoup d'auteurs.

2° *La poésie simplement cadencée*, affectant la forme du parallélisme hébraïque, dont il y a des traces dans toutes les littératures poétiques du monde et même dans la prose de nombreux écrivains.

3° La prose dans laquelle la cadence se transforme par endroits en un *rythme métrique*.

4° La poésie métrique, à rythme régulier, mais *sans rimes*, comme le sont généralement les poésies grecques, latines, et celles d'un grand nombre de littératures.

5° Enfin, la poésie métrique, à *rimes parallèles*, dont les vers français constituent le type le plus parfait, mais qui se retrouve, à des degrés divers, dans d'autres littératures.

Cette constatation fait ressortir que le passage de la prose ordinaire à la poésie s'opère par une série de formes intermédiaires, d'abord *cadencées*, puis *rythmées*, et enfin *rimées*.

Elle montre que le caractère essentiel des vers, c'est l'introduction, dans l'expression de la pensée humaine, d'un *mouvement mesuré*, qui débute par une *cadence*, par un *parallélisme* dans les idées — cadence qui s'étend ensuite au nombre des syllabes sonores : c'est le *rythme*; — et qui finit par aboutir à un parallélisme dans les sons eux-mêmes : c'est la *rime*.

Il y a, dans ces transformations par lesquelles est passée la poésie, comme une sorte de gradation qui assujettit successivement à un *mètre régulier*, d'abord les phrases, puis les artitulations des mots, enfin l'harmonie des désinences.

La cadence, limitée primitivement aux idées, envahit graduellement tous les éléments sonores du vers. C'est une sorte de musique verbale, qui berce la phrase et qui lui fait prendre une allure régulière, de même que les notes vives des clairons font marquer le pas aux soldats, et comme les accents des violons impriment à la danse ses périodes lentes ou rapides.

Les vers, comme la musique et la danse, obéissent à ce besoin inné de notre nature qui nous porte à rythmer l'expression de tous nos sentiments dès que ceux-ci s'élèvent, s'exaspèrent ou s'affinent.

Alors, toutes les manifestations de notre activité revêtent une forme spéciale : elles s'orientent ; — *elles se polarisent*, dirait un physicien.

Les anciens avaient le sens très vif de l'unité de tous les rythmes, puisque, pour eux, le mot *musique* englobait non seulement les mélodies, mais aussi la danse, le geste, la poésie, même l'art oratoire, en un mot, tout ce qui est mesuré par une cadence, tout ce qui est harmonique et ordonné. Pour eux, tout *chantait*, les vers comme la danse, l'éloquence comme la mimique scénique.

o o o

Le premier enseignement à retirer de tout ce qui précède, c'est que si la poésie est fille du ciel — en ce sens que l'inspiration poétique est généralement un don inné, — les vers, qui sont sa manifestation rythmique, empruntent leurs formes à des tendances inhérentes à la commune nature humaine.

Cela ne veut pas dire que les vers coulent de source de l'esprit humain, tout comme la prose la plus ordinaire.

Au contraire, ce n'est que par un travail ardu que le poète le mieux doué arrive à donner à sa phrase le rythme, la sonorité, la beauté de forme qu'il juge les plus propres à rendre toute la valeur, toute l'harmonie de sa pensée.

L'expression même de *poésie* vient du verbe grec *poiéô*, qui signifie proprement : *faire, fabriquer, construire,* en un mot : *travailler, prendre de la peine.*

Il n'est pas inutile de faire cette constatation au début de ce livre. Il importe que ceux qui désirent s'adonner à la versification ne se figurent pas qu'elle constitue une sorte de jeu, simple et facile, et qu'il suffit de compter des syllabes et d'aligner des rimes pour faire des vers.

Il faut *travailler.*

Faire des vers — nous disons de véritables vers — n'est pas chose facile. Les plus habiles se heurtent parfois, dans l'expression de leur pensée, à des obstacles imprévus. Or, il ne s'agit pas de les éluder au moyen de licences poétiques quelconques ; il faut les surmonter, il faut les vaincre !

Si l'on échoue, on recommence, non pas deux fois, trois fois, mais, si c'est nécessaire, dix fois, vingt fois !

Boileau n'hésite pas à le déclarer :

Vingt fois sur le métier remettez votre ouvrage :
Polissez-le sans cesse et le repolissez !

En cette matière, il ne faut pas se contenter de peu. Il importe, au contraire, de se montrer difficile pour ses propres productions et de ne se déclarer satisfait que lorsqu'elles méritent réellement notre entière approbation.

Plus on aura de difficultés à vaincre, plus on en sera récompensé par la beauté du résultat, car on peut dire, comme Théophile Gautier :

> Oui, l'œuvre sort plus belle
> D'une forme au travail
> Rebelle :
> Vers, marbre, onyx, émail !

CHAPITRE II

Le rythme en général.
Le rythme des vers français.

Dans toutes les littératures, la caractéristique des vers, c'est un rythme spécial plus ou moins sensible.

Nous avons vu que, dans les vers hébraïques, le rythme est limité au parallélisme des idées exprimées dans deux phrases, généralement courtes, mais non *mesurées*, quant au nombre et à la valeur des syllabes.

Néanmoins, comme ces vers *se psalmodiaient*, ils retiraient, de la mélodie accompagnant les paroles, un rythme *sonore* se superposant à celui qui résulte du parallélisme des idées.

C'est ainsi que, de nos jours encore, dans les offices de l'Eglise, la psalmodie donne un rythme à la traduction latine des psaumes, bien que celle-ci ne soit pas en vers.

Ce qui facilite cette superposition du rythme musical à la simple prose, c'est que la langue latine (de même que la langue hébraïque, la langue grecque et beaucoup d'autres, du moins telles que nous les prononçons) est uniquement composée de syllabes sonores, qu'aucune syllabe muette ne vient interrompre.

Cette sonorité des syllabes joue un rôle essentiel dans la versification des différentes littératures.

C'est elle qui rend longtemps inutile la coupe des vers en un nombre mesuré de syllabes, du moment que la cadence musicale y suppléait, et que, selon Strabon, « dire et chanter étaient autrefois la même chose ».

Mais du jour où l'on voulut déclamer les vers au lieu de les chanter, il fallut bien substituer au rythme mélodique un autre artifice rythmique, emprunté au nombre et à la valeur des syllabes longues ou brèves, accentuées ou fugitives.

C'est alors que naquit le vers mesuré, composé d'un certain nombre de syllabes longues et brèves, disposées suivant un certain ordre, de façon à satisfaire l'oreille par une cadence harmonieuse.

Le vers grec (*stichos*) et le vers latin (*versus* ou *carmen*) sont d'une extrême variété de mesures qui donnent au poète une grande liberté d'invention, mais dans tous, quels qu'ils soient, le nombre des pieds, l'ordre dans lequel ils doivent être disposés et la cadence sont soumis à des règles fixes que l'on ne peut violer sans commettre des fautes de versification.

Le *pied* (*metron* en grec, *metrum* en latin) ne se compose pas, comme en français, d'une seule syllabe sonore.

Comme l'indique son nom de *mètre*, c'est (tout à fait comme dans la musique) une *mesure*, composée d'un certain nombre de syllabes, de *deux* à *six*.

On voit combien le pied grec ou latin est différent du pied *monosyllabique* français.

Il en résulte que le vers, se décomposant en mesures et non en syllabes, n'a rien de la cadence des vers français.

Aussi, le vers *hexamètre*, formé, comme son nom l'indique, de *six mesures*, peut avoir, suivant la composition de ces mesures (conformes aux règles de la versification), depuis *treize* jusqu'à *dix-sept* syllabes, et même l'hexamètre dit *spondaïque* peut n'en avoir que *douze*.

La poésie latine était toute fondée sur la distinction des syllabes longues et des syllabes brèves, dont on pouvait former *quarante* sortes de pieds, parmi lesquels les plus usités étaient le *dactyle* (une syllabe longue et deux brèves) et le *spondée* (deux syllabes longues).

Tout reposait sur la *quantité* du son, long ou bref.

*
o o

La langue française n'a gardé que dans une très faible mesure l'accentuation du latin.

Dès la naissance des langues romanes, c'en était fait de la versification fondée sur la *quantité*, puisqu'il n'y avait plus de quantité dans la prononciation des syllabes.

Pour retrouver un rythme cadencé, les premiers poètes des langues romanes remplacèrent le pied *polysyllabique*, qui ne pouvait plus être mesuré, par le pied *monosyllabique*, en donnant à chaque syllabe *la même quantité métrique dans le vers*.

Le rythme s'obtint ainsi, non plus par la *mesure* variée des syllabes, mais par le *nombre* des syllabes, toutes désormais d'une même valeur métrique.

C'était une nécessité dans la langue française, où, plus que dans toute autre, abondent les muettes, et c'est vainement que plus tard, à l'époque de la Renaissance, quelques poètes, entre autres Jodelle et Rapin, dans son épitaphe de Ronsard, essayèrent de réagir et de transporter dans le vers français le rythme des syllabes mesurées, longues ou brèves, des Latins. Ces tentatives ne pouvaient réussir. Ni notre langue, sans accentuation fortement prononcée, ni notre oreille ne s'y prêtaient.

Aussi bien, à l'heure où les parlers vulgaires de l'Europe devenaient des langues et faisaient sentir indirectement leur influence jusque dans la prononciation du latin, le rythme syllabique, depuis longtemps déjà, s'était introduit dans la poésie latine elle-même.

Les hymnes de l'Eglise, notamment, étaient en vers syllabiques.

Il existe, en ce genre, d'admirables chefs-d'œuvre. Telles sont, par exemple, les hymnes de l'Office du Très Saint Sacrement, dont l'auteur est le Docteur angélique, cet immortel encyclopédiste du moyen âge que fut saint Thomas d'Aquin.

Relisez au point de vue du rythme et de la rime : *Lauda, Sion, Salvatorem* ; *Sacris solemniis juncta sint gaudia* ; *Verbum supernum prodiens* ; *Adoro te devote, latens Deitas* ; *Ave verum ! Pange, lingua, gloriosi*, etc.

Il est impossible de ne pas être vivement frappé, non seulement de la beauté des paroles, si l'on connaît suffisamment le latin pour les comprendre, mais encore de la perfection de la cadence et de la richesse des rimes, malgré les difficultés inhérentes au sujet traité, et à la répétition triple et même quadruple des désinences semblables, comme en cette dernière strophe de la « séquence » *Lauda, Sion, Salvatorem* :

> *Tu, qui cuncta scis et vales,*
> *Qui nos pascis hic mortales ;*
> *Tuos ibi commensales,*
> *Coheredes et sodales*
> *Fac sanctorum civium.*

Ce dernier vers rime lui-même avec le dernier de la strophe précédente,

> *In terra viventium,*

strophe qui a également quatre désinences semblables en *ere*.

En ces hymnes, saint Thomas d'Aquin s'est
révélé comme un véritable poète de génie.

Le rythme syllabique détrôna peu à peu le
rythme métrique dans tous les genres de poésies
latines, même profanes.

Les puristes continuèrent à observer les règles
de la versification latine. Le Pape Léon XIII
a été l'un de leurs derniers représentants et l'un
des plus brillants.

CHAPITRE III

La quantité.

LE rythme des vers français s'obtient par la *quantité*, la *césure*, la *rime*.

La *quantité* de nos vers est une quantité *numérique*. Elle se mesure en comptant les syllabes.

Deux difficultés se présentent dans cette mesure de la cadence syllabique.

La première tient à la valeur de notre *e* muet, à la fin ou dans le corps des mots.

La seconde est l'hésitation que l'on éprouve devant la prononciation de certaines diphtongues ou voyelles associées : *ié*, *ieu*, etc.

La valeur de l'e muet. L'élision. — Pendant un certain temps, nos poètes ont compté pour une syllabe la syllabe muette.

Ainsi le duc Charles d'Orléans (père de Louis XII), fait prisonnier à Azincourt, disait en vers sa nostalgie de la patrie :

> En regardant vers le pays de France,
> Un jour m'advint adoure *(aller)* sur la mer :
> Qu'il me souvient de la doulce plaisance
> Que je soulois audit pays trouver
> Si commençay de cueur à souspirer
> Combien certes que grant bien me faisoit
> De veoir France que mon cueur amer doit.

Le sixième et le septième vers n'ont dix pieds que si l'on rend sonores en les accentuant les muettes finales des mots *certes* et *France*.

De même, Villon (1431-1489), dans ces vers qu'il met dans le bouche des cadavres qui, à son époque, restaient pendus au gibet.

> La pluie nous a buez et lavéz,
> Et le soleil desséchez et noirciz,
> Puis, corbeaux nous ont les yeux cavéz
> Et arraché la barbe et les sourcilz ;
> Jamais nul temps nous ne sommes rassiz
> Puis çà, puis là, comme le vent varie
> A son plaisir sans cesse nous charie,
> Plus becquetez d'oiseaulz que déz à couldre :
> Hommes, ici, n'usez de mocquerie,
> Mais priez Dieu que tous nous veuille absoudre

Ce sont aussi des vers de dix syllabes, et tous ont bien les dix syllabes réglementaires ; mais, dans le premier, la muette du mot *pluie* devient une syllabe accentuée. Il faut prononcer :

> La plui-e nous a bués et lavés,

Il faut prononcer le troisième :

> Puis, corbeaux nous ont les y-eux cavés

en donnant deux syllabes au mot *yeux*.

Peu à peu l'oreille, guidée par la prononciation usuelle, fit établir la règle définitive du rythme de la poésie française.

Les vers doivent être uniquement formés de pieds monosyllabiques sonores, que les syllabes qui les composent soient sonores par elles-mêmes, ou qu'elles le deviennent par leur fusion avec une syllabe sonore, ou par leur rencontre avec une consonne.

C'est ainsi que Clément Marot (1496-1544) frappait déjà sa fameuse épigramme :

> Lorsque Maillart, juge d'enfer, menoit
> A Montfaucon Semblançay l'âme rendre,
> A votre advis, lequel des deux tenoit
> Meilleur maintien ? Pour vous le faire entendre,

Maillart semblait homme qui mort va prendre ;
Et Semblançay fut si ferme vieillart
Que l'on cuydoit, pour vrai, qu'il menoit pendre
A Montfaucon le lieutenant Maillart.

Dans ces vers, les syllabes finales de lors*que*, ju*ge*, â*me*, *le*, hom*me*, fer*me*, comptent parce qu'elles se trouvent devant des consonnes.

Au contraire, l'*e* de votre *s'élide* devant la voyelle *a* d'advis, et l'*e* de faire, devant la voyelle *e* d'entendre, et les syllabes ainsi fondues avec les syllabes suivantes, n'entrent pas en compte.

Enfin, la dernière syllabe des rimes *féminines* (rendre, entendre, prendre, pendre) n'est pas comptée.

On appelle rimes *féminines* celles qui se terminent de l'une des façons suivantes :

1° un *e* muet :

Il commande au soleil d'animer la nature

2° un *e* muet suivi d'une *s* :

Le tintement des cloches argentines

3° un *e* muet suivi de la désinence *nt*, lorsque celle-ci est muette :

Par ce moyen les mutins virent

Les rimes *masculines* sont celles qui se terminent par une syllabe sonore :

Lorsque Maillart, juge d'enfer, menoit

ou par une finale muette *ent* qui se fond avec une syllabe sonore, et n'est pas davantage comptée dans la mesure du vers.

Aux accents d'Amphion les pierres se mouv*aient*.

Les mots : je, ne, te, me, sont des syllabes dont l'*e* s'élide toujours devant une autre voyelle ou une *h* muette.

Ils deviennent sonores devant une consomne ou une *h* aspirée.

> Va, *je ne le* hais point
>
> (*Le Cid.*)

Il y a cependant une exception à la règle qui permet de rendre sonore l'*e* muet devant une consonne. C'est quand la syllabe de l'*e* muet se trouve à la *césure* (Voir chapitre suivant.), parce que la cadence de la césure ne peut tomber que sur une syllabe sonore par elle-même, ou rendue sonore par une élision.

C'est ainsi que le vers de Charles d'Orléans,

> De veoir Franc*e* que mon cueur amer doit,

n'est pas correct, d'après les règles maintenant bien établies.

Au contraire, Racine a pu très correctement dire :

> Oui, je viens dans son temp*le* adorer l'Eternel,
>
> (*Athalie.*)

parce que la voix tombe, à la césure, sur la syllabe sonore de *temple*, l'*e* muet de ce mot s'élidant devant l'*a* d'adorer.

L'usage permet d'élider l'*e* muet d'encore, lorsque c'est nécessaire pour la mesure, même devant une consonne :

> Encor, si vous naissiez à l'abri du feuillage.
>
> (LA FONTAINE, le *Chêne et le Roseau.*)

Mais il faut laisser à certaines chansons, dites *populaires,* des élisions comme celles-ci :

> L' p'tit mat'lot
> Vog' sur' l' flot
> Sans s' soucier d' l'orage.

La quantité des voyelles et diphtongues associées.

Dans la mesure du vers français il est un point qui réclame une attention spéciale : c'est la connaissance exacte du *nombre* de syllabes sonores en lesquelles se décomposent certains mots de notre langue, la connaissance de leur *quantité*.

Nous avons vu le vieux poète Villon faire le mot *yeux* de deux syllabes dans ce vers :

Puis, corbeaux nous ont les y-eux cavés.

Actuellement, la décomposition de ce mot n'est plus permise. Nous faisons *yeux* d'une syllabe, comme Racine dans ces vers de *Phèdre* :

L'onde approche, se brise, et vomit à nos yeux,
Parmi des flots d'écume, un monstre furieux.

Mais on voit que *fu-ri-eux* est de trois syllabes. Il n'en est pas ainsi de tous les mots finissant en *ieux* : les uns ont cette désinence d'une seule syllabe, comme *cieux*, les autres, de deux syllabes, comme *capricieux*.

Il est important de tenir compte, dans la mesure du vers, de ces différences indiquées par l'usage. D'ailleurs, ces variations dans le *syllabisme* n'empêchent pas tous les mots en *ieux* de rimer fort bien ensemble, que cette désinence soit d'une ou de deux syllabes.

Ne pas trop se fier à la prononciation, qui est très variable, suivant les personnes. Les unes abrègent les diphtongues et prononcent *million* comme *vermillon*, *lié* comme *souillé*. D'autres, au contraire, dédoublent celles qui devraient rester simples, et font, par exemple, un vers de douze pieds de ce vers de dix pieds :

Quand, à la fin d'août, ululent les paons

parce qu'elles le prononcent ainsi :

Quand, à la fin d'a-oût, ululent les pa-ons

·La finale *ion* peut être, comme celle en *ieux,* d'une ou de deux syllabes. *Pion* est d'une syllabe; *lion* est de deux; *prononciation* est de six syllabes, comme *Annonciation.*

> Accentuez le mot : pro-non-ci-a-tion
> Et la Vierge écoutait l'An-non-ci-a-tion.

Il ne faut pas abuser, dans les vers, de ces mots qui obligent à accentuer, à scander des syllabes que, dans le langage ordinaire, on confond volontiers en une prononciation plus fluide.

Ainsi, cet appel :

> L'act-ion! L'act-ion! C'est la soluti-on!

c'est un vers correct, au point de vue métrique, mais combien horrible!

Nombreux sont les mots dont la quantité peut donner lieu à une hésitation, par suite de voyelles ou diphtongues successives.

Nous donnons au chapitre vii *(Principales fautes de versification)* un certain nombre d'indications sur la *quantité* fixée par l'usage pour certains mots douteux.

Mais, d'une façon générale, toutes les fois qu'avec un de ces mots la cadence paraît boiteuse, à l'oreille, il est préférable d'écarter, s'il est possible, le mot malencontreux.

Le meilleur guide pour la musique du vers, c'est l'oreille.

❧ ❧ ❧

CHAPITRE IV

La césure.

Jusqu'a présent, nous n'avons fait mention de la césure que d'une manière occasionnelle en raison de l'influence qu'elle exerce sur le rythme métrique

Le rôle qu'elle joue dans la cadence des vers est des plus considérables. Elle constitue, pour ainsi dire, *un centre* autour duquel se groupent et s'ordonnent les diverses syllabes.

Elle agit sur la valeur même de ces syllabes.

Nous avons vu (ch. iii) que la muette rendue sonore par la rencontre d'une consonne peut constituer un pied syllabique, excepté si elle coïncide avec la césure. Celle-ci, plus exigeante que les autres pieds, rejette ces sortes de muettes comme *trop peu sonores* pour servir de point de suspension dans la cadence des vers, et n'accepte que celles pourvues par l'élision d'une sonorité parfaite.

Il est aisé de se rendre compte du mécanisme de versification qui donne à la césure cette importance prépondérante.

Ainsi que nous l'avons déjà indiqué sommairement (ch. ii), la césure superpose au rythme métrique ou monosyllabique une cadence plus large, s'étendant à des groupements de plusieurs *pieds*, groupements qui sont détachés, quand on scande les vers, par des intervalles plus prolongés, ou du moins par un accent tonique plus accusé que ceux qui distinguent les pieds monosyllabiques les uns des autres.

La cadence de la césure, par cela même qu'elle est plus accusée, *domine* celle du rythme et la tient sous sa dépendance. Voilà pourquoi elle influe sur la *valeur* des syllabes.

Pour la même raison, elle influe sur l'ensemble du rythme de chaque vers, suivant l'endroit où elle tombe, ce qui permet de donner à des vers ayant la même *mesure* une grande diversité de *cadences*.

Il importe donc, tant pour déclamer, que pour apprécier ou pour faire des vers, de se rendre compte des règles harmoniques de la césure.

Rappelons la définition qu'a donnée Boileau *(Art Poétique)* de la césure, telle qu'on la comprenait à son époque, dans la versification française.

Il faut que, dans le vers, | le sens, coupant les mots,
Suspende l'hémistiche, | en marque le repos.

Ces deux vers sont, en même temps, des exemples parfaits de l'application de la césure, coupant chacun d'eux en deux *hémistiches* ou *demi-vers* égaux, tant au point de vue de la valeur des syllabes qu'au point de vue de la prononciation courante et du sens des mots.

Telle est la césure que l'on pourrait appeler *césure classique* ou *césure principale*.

Elle permet de scander les vers par hémistiches réguliers, dont les périodes égales se succédent uniformément, non sans une certaine monotonie. Dans les vers de *douze* pieds, elle tombe après le *sixième* pied, comme dans les beaux vers de Boileau définissant cette coupure que nous venons de citer.

Dans les vers de *dix* pieds, la césure *principale* arrive après le quatrième (Chanson de Roland).

Déroulède a employé fréquemment ce rythme:

Depuis dix ans | j'ai commencé ce rêve,
Tout le traverse | et rien ne l'interrompt ;
Dieu veuille, un jour, | qu'un grand Français l'achève !
Je ne suis, moi, | qu'un sonneur de clairon.

Dans la seconde moitié du siècle dernier, on s'avisa de placer la césure après le cinquième pied ; telle cette strophe de Pailleron :

Sur le cresson noir, | sur les cailloux blancs
Et sans une ride, | et sans un murmure,
Dans son berceau vert, | aux rideaux tremblants,
Dort la source froide, | immobile et pure.

Il n'y a de césures strictement exigées que pour les vers de douze pieds — à l'hémistiche — et pour les vers de dix pieds, — après le 4ᵉ ou le 5ᵉ pied.

Pour les vers de 9 syllabes — d'ailleurs peu usités, — quelques poètes ont employé des césures, ordinairement deux, séparant les syllabes trois par trois.

Dans les vers de douze ou de dix pieds, en dehors de la césure, ou repos obligatoire, à une place marquée et régulière, et dans les vers de moindre longueur, qui n'ont point de césure exigée, l'harmonie et la nécessité de rompre la monotomie demandent des coupures, des arrêts du sens et de la voix, à des places variées.

Ainsi les vers d'*Athalie* :

Oui, | je viens dans son temple || adorer l'Eternel
Je viens | suivant l'usage || antique et solennel.

Ou ces vers de Florian (Le grillon et le papillon).

Chapeaux, || mouchoirs, || bonnets, || servent à l'attra-
[per.

Mais ces arrêts, ces coupures de nombre et de place variable ne doivent pas être confondus avec l'arrêt obligatoire, dont la place est marquée et qui est comme le bâton du chef d'orchestre, gardien du rythme.

°
° °

Nous connaissons la place de la césure.

Comment doit-elle être marquée cette halte à mi-chemin du vers?

Par un arrêt du sens et de la voix.

1° Dans les vers de douze pieds, la sixième syllabe, ou, dans le vers de dix pieds, la quatrième ou la cinquième syllabe (suivant le rythme adopté), doit être sonore, et non muette.

Aux accents d'Amphion les pierres se mouvaient.

2° Elle doit être la dernière syllabe d'un mot, à moins que cette dernière syllabe ne soit elle-même muette et ne s'élide devant la voyelle ou l'h muette du mot suivant:

Oui, je viens dans son temple adorer l'Eternel

3° Toujours dans ces mêmes vers, le sens doit être, à la césure, suspendu au moins dans une certaine mesure.

Ainsi la césure qui sépare l'article du substantif, comme dans un vers où l'on dirait:

La puissance de la vérité nous suffit.

n'est pas une césure correcte, ou tout au moins classique.

A plus forte raison, celle qui coupe en deux un mot.

Nous allons bientôt par | tir pour notre campagne
Parce que c'est le mo | ment où le raisin mûr
Attend la serpe. Dé | jà l'automne nous gagne,
Le ciel perd de plus en | plus sa teinte d'azur.

Un certain nombre de poètes du xx' siècle ne craignent pas de mépriser cette règle de la césure. Nous estimons qu'ils ont tort et que leurs œuvres y perdent en harmonie.

On peut assurément ne pas être trop rigoriste en ce qui concerne la suspension du sens à la césure ; mais il faut, suivant nous, s'interdire la suppression même de cette césure, et c'est ce qui arrive quand un mot est coupé en deux, à cette place où l'oreille attend un repos.

CHAPITRE V

La rime.

Dans toutes les langues à syllabes sonores, comme le grec, le latin et les langues qui en dérivent directement, de même que dans les langues à racines germaniques, comme l'allemand et l'anglais, le rythme syllabique, secondé par la cadence de la césure, suffit à produire des vers d'une harmonie parfaite sans l'emploi de la rime.

Il existe, dans ces diverses littératures, d'admirables passages en vers non rimés.

Ce succès de rythme et de cadence, obtenu par les langues sonores, a engagé quelques auteurs à tenter de l'introduire dans la versification française, malgré l'obstacle offert à ces essais par la multiplicité des syllabes muettes de notre langue.

— La rime gêne les poètes! dirent-ils. Supprimons-la, et contentons-nous du rythme syllabique et de la cadence due à la césure.

Ces tentatives n'ont pas eu plus de succès que celles faites par Jodelle, Baïf et Ronsard, pour remplacer, dans les vers français, le rythme syllabique par le rythme métrique.

Les *vers blancs* — c'est ainsi que l'on appelle les vers sans rime, — la prose mesurée de Lamothe, les hexamètres de Turgot, etc., sont tombés dans l'oubli, bien qu'on y revienne aujourd'hui.

Il faut, dans une langue où ne se rencontre

pas le balancement harmonieux de l'accentuation, des sons pareils qui, se renouvelant symétriquement, marquent la cadence, et c'est là l'heureux effet de la rime.

Dès que l'accentuation diminue, la rime apparaît.

Elle apparut au moyen âge dans la poésie latine, dans la poésie liturgique, dont le plus bel exemple est l'office du Saint Sacrement, dû au génie de saint Thomas d'Aquin.

Au moyen âge également, dans le voisinage des hymnes et des proses de l'Eglise, la poésie française — que l'on appelait encore romane — naissait — avec la rime.

La première pièce connue — et nous devons la lire avec respect, — c'est la cantilène de sainte Eulalie. Elle est du x° siècle, et en voici le début :

Buona pulcella fut Eulalia,
Bel avret corps, bellez sus anima.
Vuldrent la veintre li Deo inimi.
Vuldrent la faire diavle servi.
Elle n'out eskutet li mals conselliers
Qu'elle Deo raneiet chi maent sus en ciel,
Ne por or, ned argent, ne paramens,
Por manaice regiel ne preiement;
Ne ule cose non la paouret umque pleier
La polle sempre non amast lo Deo monestier (1).

Au xi° siècle, la *Chanson de Roland* donne le

----

(1) Bonne jeune fille fut Eulalie,
   Bel avait corps, plus belle âme.
   Voulurent la vaincre les ennemis de Dieu,
   Voulurent la faire servir le diable.
   Elle n'a écouté les mauvais conseillers,
   Qu'elle renie Dieu qui demeure en haut dans le ciel,
   Ni pour or, ni argent ni parure,
   Pour menace de roi, ni supplication;
   Nulle chose ne la put jamais plier,
   Que l'enfant toujours aimât le service de Dieu.

type de la poésie épique romane, c'est-à-dire française :

> Ço sent Rollanz que la mort l'entreprent,
> Jus de la teste sur le coer li descent ;
> Desnz un pin i est allez curanz,
> Sur l'erbe s'i est culchiez adenz ;
> Desuz lui mest s'espée et l'olifan ;
> Turnat sa teste vers la païenne gent :
> Pur ço l'ad fait que il voelt veirement
> Que Carles diet et trestude sa gent,
> Si gentilz quens, qu'il fut morz cunquerant !

> Ço sent Rollanz de sun tens n'i ad plus,
> Devers Espaigne gist en un pui agrut.
> A l'une main si ad sun piz batut :
> « Deus ! meie culpe, par la tuè vertut,
> De mes pécchiez, des gronz e des menuz,
> Que jo ai fait dès l'ure que nez fui
> Tresqu'à cest jur que ci suis consouz ! »
> Sun destre guant en ad vers Deu tendut ;
> Angle de l' ciel i descendent à lui.

La plupart des *Chansons de geste* sont sur ce rythme.

Le vers est de dix syllabes, avec la césure après le quatrième pied. Les syllabes muettes s'élident à cette césure.

Les vers se suivent en des *laisses* d'une assez grande longueur, se terminant par la même *assonance*.

L'assonance est la rime primitive française. Elle se distingue de notre rime moderne, en ce qu'elle n'exige point la même *consonne d'appui* — celle qui précède le son plein, — et en ce que l'oreille ne tient compte que de la dernière voyelle, ou même, dans les vers qui se terminent par des syllabes muettes, de l'avant-dernière.

Ainsi mare, male, pare, navre s'assonancent avec table, — alors que ces mots ne riment pas ensemble.

L'assonance est demeurée jusqu'à nos jours, dans les chansons de paysans.

Dans la *Cantilène de Sainte Eulalie,* les rimes ou assonances se suivaient deux à deux ; dans la poésie épique de la *Chanson de Rolland* et des autres chansons de geste, la même assonance se répétait tout au long de la laisse.

Déjà, au xii⁰ siècle, la *Chanson pour la Croisade* avait des rimes entremêlées :

> Parti (1) de mal e a bien aturné
> Voil ma chançon a la gente faire oïr
> K'a sun besuing (2) nus a Deus apelé,
> Si ne li deit nul prosdhome (3) faïllir
> Kar en la cruz daignat pur nus murir.

Avec le xiii⁰ siècle, et entre autres poètes, Thibault, comte de Champagne, le rythme se déversifie, la rime se perfectionne, les règles de la versification se précisent.

Comment les rimes doivent-elles se succéder ? — C'est la question qui se pose après celle de l'existence même de la rime, c'est-à-dire de la consonance.

Nous savons déjà qu'il existe des rimes masculines et des rimes féminines.

Les premières sont celles qui se terminent par une syllabe sonore, ou par une syllabe muette fondue dans une syllabe sonore :

Aux accents d'Amphion les pierres se mouvaient.

Les secondes sont celles qui se terminent par un *e* muet, par un *e* muet suivi d'une *s*, ou par la désinence *ent* lorsque celle-ci est muette, c'est-à-dire non précédée d'une diphtongue avec laquelle elle se fond.

------

(1) Détaché.
(2) Secours.
(3) Homme de cœur.

Il y a de belles poésies modernes en rimes uniquement masculines. Par exemple, ces vers de *la Vendange*, d'Henri Chantavoine :

> Raisin nouveau, raisin vermeil,
> Garde la chaleur du soleil,
> Et verse-la dans le tonneau,
> Raisin vermeil, raisin nouveau ;
> Mets la jeunesse au corps des vieux
> Et le sourire dans leurs yeux ;
> Donne la joie aux braves gens
> Et l'espérance aux indigents ;
> A ceux qui pleurent, la gaieté,
> A ceux qui souffrent, la santé...

Les vers à rimes uniquement féminines sont plus rares parce qu'ils se prêtent moins à la cadence. Il en est cependant de jolis :

> Dans le jardin plein de roses,
> Madeleine
> Se promène.
> Par les fleurs à peine écloses,
> Elle rêve,
> Nouvelle Ève,
> A toutes sortes de choses.

On voit que l'on peut *entre-croiser* des rimes uniquement féminines, de même que des rimes masculines sont *entre-croisées* dans cette strophe de Jean Richepin :

> Quarante ans, à travers le danger.
> Tous les jours, à cheval, j'ai couru,
> Emportant, au désert, pour manger,
> Sous ma selle, un morceau de bœuf cru.

Toutes les combinaisons d'entre-croisements sont possibles, quelles que soient les désinences, du moment qu'elles produisent une cadence régulière.

La règle classique est que deux vers qui ne riment pas ensemble ne peuvent se suivre, s'ils ne sont pas, l'un, à désinence masculine, l'autre à désinence féminine.

En obéissant à cette règle, on a d'abord la succession, *deux par deux*, de rimes alternativement masculines et féminines.

Certain rat de campagne, en son modeste gîte,
De certain rat de ville eut un jour la visite.
Ils étaient vieux amis. Quel plaisir de se voir !
Le maître du logis veut, selon son pouvoir,
Régaler l'étranger. Il vivait de ménage,
Mais donnait de bon cœur comme on donne au village.
Il va chercher, au fond de son garde-manger,
Du lard qu'il n'avait pas achevé de ronger, etc.

(ANDRIEUX, Les deux rats.)

On peut intercaler successivement *une* rime féminine et deux rimes masculines, ou réciproquement :

Le livre de la vie est le livre suprême
Que nul ne peut ouvrir ou fermer à son choix ;
Le passage attachant ne s'y lit pas deux fois,
Mais le feuillet fatal se tourne de lui-même.
On voudrait revenir à la page où l'on aime,
Et la page où l'on meurt se trouve sous les doigts.

(LAMARTINE, Sur un album.)

On peut alterner les rimes *une à une* :

Il me fit voir ouvert un livre
Où rien n'était écrit encor,
Et me dit de sa voix de cuivre :
Veux-tu gagner cent louis d'or ?

(PIERRE DUPONT, Les louis d'or.)

On peut réunir deux rimes féminines dans l'intervalle de deux rimes masculines et *vice-versa* :

J'aperçois le moineau venir,
Jusqu'à mon seuil piquer la graine,
La bise noire se déchaîne,
La neige aux branches va tenir.

(JOSÉPHIN SOULARY.)

On peut cadencer les vers par groupes de *cinq* dont deux d'une rime et trois d'une autre :

Mon armée avançait dans un bruit de tonnerre,
Les pas de nos chevaux faisaient trembler la terre,
Le sang rougissait les sillons,
Et les têtes fuyaient devant mon cimeterre
Comme des vols de papillons.

Deux rimes peuvent alterner avec deux distiques dans un groupe de six vers :

Superbe et fumant, le filet s'avance
Monté sur réchaud
Flanqué d'artichaut,
Que ces perdrix font noble contenance !
O mes chers amis,
Vivent les salmis !

(Charles Monselet.)

On peut grouper jusqu'à *trois* rimes semblables parmi deux vers de rime différente, de façon à former une cadence de huit vers :

Lève-toi, mignonne,
Le soleil rayonne,
Le pinson chantonne,
L'automne a souri.
Mets ta robe claire,
Viens avec ta mère
Cueillir la bruyère
Dans le bois fleuri !

Rien ne s'oppose à ce que l'on diversifie à l'infini les combinaisons de rimes, pourvu que l'on conserve le balancement rythmique.

On remarquera que, plus les rimes sont entre-croisées par périodes régulières, plus la forme d'ensemble des strophes est élégante. Il s'agit donc là d'une cadence éminemment harmonique et poétique dont on ne saurait trop faire usage pour embellir le vers.

La rime, avons-nous dit, est une *cadence de sons* qui s'ajoute à la cadence de la mesure et de la césure.

C'est une *consonance*.

La rime sera donc d'autant meilleure que la consonance des deux finales harmoniques sera plus parfaite. Dans ces vers :

> Le tintement des cloches argen*tines*
> Aux réguliers vient d'annoncer Ma*tines*

la consonance *argentines-matines* constitue ce que l'on appelle une rime *riche*.

Une rime riche est celle dans laquelle la *lettre d'appui* des deux désinences est identique. La *lettre d'appui* est la consonne qui précède immédiatement et qui articule la syllabe sonore constituant la rime. Dans *Matines* et *argentines*, la syllabe sonore qui rime est *tines* (la muette ne comptant pas), et la lettre d'appui est *t*.

De même, dans ces rimes masculines :

> De Joseph le mé*tier*
> Etait celui de charpen*tier*.

la lettre d'appui est *t*.

On peut *enrichir* encore les rimes masculines en donnant la même consonance aux voyelles qui précèdent la lettre d'appui. Exemple :

> En travers du sen*tier*
> S'étalait une fleur suave d'églan*tier*,

C'est un excès blâmable que de rechercher des consonances plus étendues et de faire des rimes *trop riches*.

C'est pour ridiculiser cette manie, à laquelle certains poètes étaient enclins, que l'on a fait ces vers comme parodie :

> . . . . Après cette *morsure*,
> Tu ne peux plus compter que sur une *mort sûre!*

Ce n'est plus de la rime poétique : c'est du calembour.

La cadence sonore de la versification française n'est pas aussi exigeante. Elle considère comme riches, ainsi que nous venons de le dire, les rimes à lettres d'appui semblables. Elle se contente même de beaucoup moins, puisque, dans certains cas, on juge *suffisantes* des rimes n'ayant pas la même lettre d'appui.

Le sévère Boileau lui-même ne craint pas de faire des vers comme ceux-ci :

Il faut que, dans les vers, le sens, coupant les *mots*,
Suspende l'hémistiche, en marque le rep*os*.

On ne peut pas dire que *mots* et *repos* constituent une rime riche. Elle est à peine *suffisante*. Cependant, Boileau n'a pas hésité à l'adopter.

On ne saurait être plus difficile que ne le fut le législateur même du Parnasse français. Néanmoins, il ne faut pas tomber dans l'excès et se contenter trop facilement des premières rimes que l'on trouve. Nous avons établi, comme principe, qu'il faut viser le plus possible à la perfection poétique. Par conséquent, nous recommandons de préférer les rimes riches aux rimes simplement suffisantes et de les rechercher avec soin.

Il existe un principe directeur dont l'on tient généralement grand compte dans la versification. C'est celui qui subordonne le choix de la rime au plus ou moins d'abondance des mots ayant une consonance identique.

Il y a, en effet, dans la langue française, des consonances rares, tandis que d'autres sont, au contraire, extrêmement fréquentes.

Si l'on cherche une rime à ce vers :

Ce sont les deux étoiles bleues,

en sera embarrassé, parce que c'est une consonance rare. Certains mots n'ont même pas de

correspondant comme rime, tel le mot peuple.
Aussi, dit-on : « le peuple n'a ni rime... ni
raison ! »

Au contraire, les consonances en *on* abondent.
Aussi faut-il se montrer très difficile pour le
choix des rimes en *on*, en raison même de la
multitude des mots entre lesquels on peut
choisir. La lettre d'appui sera exigée pour
rendre la rime, non pas *riche*, mais simplement
suffisante :

> Et, simplement coiffé d'un bonnet de co*ton*,
> On le voit, le matin, jouer du mirli*ton*,

Au contraire, ces rimes :

> A peine réveillé, sortant sur son bal*con*,
> Il joue avec brio quelque air de mirli*ton*.

doivent être considérées comme *insuffisantes*,
à cause du grand nombre de vocables en *on*,
parmi lesquels il serait si facile de trouver des
rimes à *lettres d'appui* identiques.

De même pour les rimes en *ion*, *elle*, *ille*, *ée*,
er, etc., qui sont si nombreuses, que pour les
juger suffisantes il faut exiger la ressemblance
de la lettre d'appui.

Il y a, d'ailleurs, des lettres d'appui qui,
sans être identiques, présentent une certaine
similitude de sonorité, comme *b*, *p*, *f*; ou *d*, *t*;
ou *g* dur, *c* dur, *k*, *q*, et qui peuvent contribuer
à rendre la rime *suffisante* ou même *riche* :

> Et quand, le soir venu, je quitte mes sa*bots*,
> J'ai, certes, mérité de goûter le re*pos*.

Enfin, lorsque la désinence sonore n'est pas
identique, même comme simple sonorité, non
seulement il n'y a pas rime *insuffisante*, mais
il n'y a pas rime du tout. On dit alors, en
manière de proverbe, que les mots employés

riment comme *hallebarde* et *miséricorde*. Le proverbe est ancien, et doit son origine au fait suivant :

Un nommé Mardoche était suisse à l'église Saint-Eustache, à Paris. Au moment de mourir, il pria son ami intime de mettre sur sa tombe une épitaphe en vers. L'ami, très peu ferré sur la poésie, alla consulter un instituteur, qui lui donna cette formule :

— Faire des lignes à peu près de même longueur et se terminant, par paires, par deux ou trois lettres semblables.

Fort de ce principe, le brave homme fit l'épitaphe suivante :

> Ci-gît mon ami Mardo*che*
> Suisse à l'église de Saint-Eusta*che*.
> Il porta pendant vingt ans la hallebar*de*.
> Dieu lui fasse miséricor*de* !

D'où le proverbe !

Lorsque les désinences riment par le *son* et ont, en même temps, une orthographe identique, tout est pour le mieux. On dit alors que les vers riment à la fois *pour l'œil* et *pour l'oreille*. Exemple :

> Quand sur une personne on prétend se ré*gler*
> C'est par les beaux côtés qu'il lui faut ressemb*ler*.

Mais il n'est pas nécessaire que l'orthographe des désinences soit identique. C'est le rythme des sons qui importe. Voici, par exemple une rime *riche*, bien que l'orthographe des deux finales soit très différente :

> Vers le ciel élevons nos *cœurs*
> Et du mal nous serons vain*queurs*.

Au contraire, des vers qui riment pour l'œil et qui ne riment pas pour l'oreille sont de mauvais vers. Victor Hugo en a fait beaucoup de ce genre. Ainsi, il fait rimer *dos* avec *Aby-dos* (ce dernier mot se prononce *Abydoss*).

C'est exactement comme si l'on faisait rimer *vasistas* avec *attentats*, *fardeau* avec *dot*, etc.

C'est tout aussi défectueux et ridicule que de faire rimer *hallebarde* et *miséricorde*, puisque c'est contraire à l'essence même de la rime.

Les littératures étrangères ont également adopté la rime, avec quelques nuances qui la diversifient de la nôtre.

Shakespeare, dans *la Tempête*, fait un égal usage des vers blancs et des vers rimés.

Gœthe a fait, lui aussi, des vers rimés.

> Wer reitet so spät durch nacht und *Wind?*
> Es ist der Vater mit seinem *Kind;*
> Er hat den knaben wohl in dem *Arm.*
> Er faszt ihn sicher, er halt ihn *warm.*
>
> (Ballade du *Roi des Aulnes*.)

Ce qui caractérise ces versifications, c'est que les rimes y sont uniformément masculines, sauf dans quelques langues dérivées du latin, comme, par exemple, le provençal :

> Un capitain grè que pourtavo curasso
> Dou teins de Barbo-Rousso, es esta moun aujoù;
> Cercant lis estramas, ébri do chaplochoù
> Dés armo, ferre au poung, cridavo : Arrasso! Arrasso!
>
> (THÉODORE AUBANEL.)

> Un capitaine grec, qui portait cuirasse,
> Du temps de Barberousse, a été mon aïeul.
> Cherchant les rudes coups, ivre du cliquetis
> Des armes, fer au poing, il criait : Arrière! Arrière!

La première et la quatrième de ces rimes, malgré leur désinence en *o*, sont *de tournure féminine*, parce que l'accentuation tombe sur l'avant-dernière syllabe, et rend la dernière, sinon *muette*, du moins *légère*.

CHAPITRE VI

Hiatus. — Licences poétiques.

L'hiatus.

L E mot latin *hiatus* (dérivé du verbe *hiare*, ouvrir la bouche, bâiller) signifie proprement : bâillement, béance, trou, solution de continuité.

Dans la versification française, on donne ce nom à la rencontre, dans un vers, de la voyelle *finale* et de la voyelle *initiale* de deux mots successifs, sans que l'élision de la première soit possible.

Or, il n'y a qu'une seule voyelle *finale* qui puisse s'élider devant une voyelle *initiale* ou une *h* muette : c'est l'*e* muet.

> Celui de qui la tê*te au* ciel était voisine.

Au contraire, si l'on dit :

Tombant sur le carr*eau, il* s'y cassa le bras.
Quand le bé*bé a bu a*videment son lait.
Les champs de Water*loo ont* vu sombrer sa gloire.

toutes ces rencontres de voyelles sonores, sans élision possible, sont des *hiatus*.

Il est facile de se rendre compte du motif qui fait considérer l'hiatus comme une faute de versification.

Le rythme et la cadence du vers exigent une succession harmonieuse de syllabes sonores *articulées, autant que possible, par des consonnes,* permettant de les bien détacher et de les scander.

Or, dans l'hiatus, les syllabes qui se succèdent sont sonores, mais non articulées. C'est ce qui fait que l'on compare cette rencontre à un *bâillement*, car, pour prononcer ces voyelles, la bouche, n'ayant pas à articuler de consonnes, peut rester ouverte :

*O O*céan à l'*eau* azurée, irisée !

On voit combien cette rencontre est peu harmonieuse pour l'oreille et peu favorable à la cadence du vers.

Et comment l'hiatus ne serait-il pas banni de la poésie, alors que, même dans la prose, l'oreille ne peut pas le souffrir !

L'élision, continuelle dans le langage ordinaire, ne doit son origine qu'à ce besoin de supprimer la *béance* des hiatus. Et la prose n'élide pas seulement l'*e* muet ; elle élide aussi l'*a*. On dit : *l'oreille* pour ne pas dire : *la oreille.*

On ajoute des lettres, dites *euphoniques*, par une licence qui ne serait pas tolérée en poésie, si elle n'existait pas déjà en prose : *où va-t-il ?* pour *où va-il ?*

Enfin, on fait *des fautes de grammaire*, c'est-à-dire des exceptions qui ne confirment la règle qu'en la souffletant, par exemple, lorsqu'on viole l'accord du genre dans *mon amie, ton eau, son armoire*, pour *ma amie, ta eau, sa armoire*, uniquement afin d'éviter des hiatus.

Dans la versification française, on n'a fait qu'étendre cette règle à toutes les rencontres de voyelles sonores afin de la rendre uniforme.

Et encore ne cherche-t-on pas à les concilier par des élisions, des lettres euphoniques ou des violations de principes grammaticaux. On se borne à éviter ces rencontres, purement et simplement.

Cette règle des hiatus a suscité des critiques qui ont cru la mettre en contradiction avec elle-même, en signalant *dans le corps des mots* des heurts de voyelles tout à fait analogues à ceux que l'on prohibe entre *finales* et *initiales*.

Ils en ont pris texte pour trouver étrange que l'on bannisse, dans la succession de mots différents, exactement ces consonances que l'on trouve toutes naturelles et harmonieuses dans la composition des mots eux-mêmes.

Voici une poésie qui a le mérite d'être spirituelle et ingénieuse, où ces griefs sont exposés :

Gardez qu'une voyelle, à courir trop hâtée,
Ne soit d'une voyelle en son chemin heurtée ;
Rien que pour ces deux vers, judicieux Boileau,
Tu méritas vingt fois d'être jeté à l'eau :
— Qu'a-t-il dit ? *Jeté à ?* Quelle cacophonie !
S'il disait : *lauréat*, quelle exquise harmonie !
On accueille *Israël* et son frère *Esaü*,
On proscrit *comme à elle* aussi bien qu'*elle a eu*,
Le monstre la *luait*... Consonance admirable.
Vieux monstre que *lu es*... Rencontre intolérable.
L'eau et le vin, fi donc ! *Chloé*, délicieux !
Zaïre, Samuel, Oasis, rien de mieux.
On permet *nez à nez* (le *z* en est la cause)
Né à Saint-Pétersbourg... inadmissible chose.
Puisque règle *il y a*, évitons l'*hiatus*.

Ces vers sont amusants... mais c'est tout !

Leur auteur et tous ceux qui pensent comme lui ne se rendent pas compte que ces hiatus *internes* des mots, qu'ils opposent aux hiatus *externes*, font partie, depuis des siècles, de l'harmonie de la langue, sont entrés dans notre oreille dès notre jeune âge, et que nous y sommes tellement habitués que nous les trouvons naturels, fluides, poétiques.

En second lieu, dans les exemples choisis, on a soin de nous présenter des hiatus anodins, qui ne hurlent pas trop. On se garde bien (dans l'intérêt de la thèse) d'attirer l'attention sur des hiatus qui, même en prose, feraient grincer les dents :

> L'as-tu *vu*, *au* sommet des Alpes
> Planter le drap*eau* *a*llemand ?

Ou bien :

> *O U*rbain ! *O ami a*doré *e*t perdu !

Mais prenons même les jolis mots choisis exprès pour réconcilier l'oreille avec l'hiatus.

Est-il exact que ce doux nom *Chloé* sonne comme *ô époux* ? Nullement ! Dans *Chloé*, l'*o* est soutenu par deux consonnes, l'une *gutturale*, l'autre *liquide*, et l'*e* est final, ce qui lui donne une sonorité propre, indépendante. Dans *ô époux*, l'*o* est sans soutien, et l'*é* est initial et *bref*.

Ces petits détails, qui paraissent insignifiants, constituent toute l'essence des harmonies de la versification.

Qui prétendra que : « *J'irai à Issy* » sonne comme *Zaïre* ? « *Je suis ému et triste* », comme *Samuel* ? « *O Arabe !* » comme *oasis* ?

Non ! Il n'est pas vrai que les hiatus *internes* se comportent et *sonnent* comme les hiatus *externes*. Aucune comparaison ne peut être établie entre eux.

D'ailleurs, admettons même qu'il y ait des hiatus *externes* aussi doux et fluides que les hiatus internes. Je l'admettrais volontiers, par exemple, pour l'expression : *il y a, il y avait*, et je reconnais qu'un conte qui commencerait ainsi :

> Il y *avait* jadis un *roi et u*ne *r*eine.

débuterait d'une manière agréable à l'oreille malgré ses trois hiatus.

Mais il est visible que cela tient à une longue accoutumance de l'oreille, plutôt qu'à l'harmonie réelle des hiatus. La preuve, c'est que l'oreille accepterait plus difficilement ce vers :

Ici, avait cours un émoi et une haine.

Ce que l'on peut accorder aux défenseurs de l'hiatus, c'est qu'il y en a un certain nombre que l'on pourrait, à la rigueur, dans des conditions particulières, admettre dans les vers sans en troubler la cadence et l'harmonie.

Mais quelle complication ne va-t-on pas introduire dans la versification française, s'il faut faire le partage entre les hiatus absolument intolérables et ceux qui sont admissibles dans certains cas, et pour chacun desquels il faudra formuler des règles spéciales?

Il vaut beaucoup mieux, et c'est ce qu'ont pensé avec raison les poètes, faire le sacrifice de quelques consonances agréables que procurerait l'hiatus, et soumettre celui-ci à une règle générale ne comportant pas d'exception.

Ce faisant, on n'appauvrit pas beaucoup la poésie et on évite de la compliquer. La règle de l'hiatus, quoi qu'en disent ses adversaires, est donc une véritable simplification.

Il y a telles rencontres de mots qui produisent des hiatus sensibles seulement pour l'oreille.

Ainsi dans *toi et elle,* il y a deux hiatus pour l'oreille et un seul pour l'œil.

De même que pour ce qui concerne la rime, nous sommes d'avis que c'est l'oreille seule qui doit servir de guide en cette circonstance. Tout hiatus sensible à l'oreille, quel qu'en soit l'orthographe, doit être banni.

Lorsque le critique de l'hiatus dit :

On permet nez à nez (le z en est la cause),

il apporte un exemple sujet à contestation.

Si l'on fait sentir le *z*, il n'y a pas hiatus. Si on ne le fait pas sentir, il y a hiatus, et dans ce cas, non, nous ne le permettons pas, parce que, nous le répétons, les vers sont faits pour l'oreille plutôt que pour les yeux.

Hiatus des nasales. — Nous allons plus loin encore.

Le français est une des rares langues possédant les syllabes nasales, c'est-à-dire se terminant par une *n à sonorité adoucie*, comme dans ces mots : *roman, romain, Rouen, lapin, lapon, foin, marsouin, commun,* etc.

Dans la composition de la phrase, l'*n* finale de ces syllabes est quelquefois si peu sonore, qu'elles sont assimilables à de véritables voyelles.

Elles doivent alors tomber sous le coup de la règle de l'hiatus, si l'on ne veut pas faire des vers absolument défectueux, tant au point de vue de la cadence qu'au point de vue de l'harmonie. Le vers

> Le chef, saluant le Ro*main, ain*si parla

présente une fâcheuse consonance *main, ain*.

De même, pour la rencontre d'une syllabe nasale et d'une voyelle :

> Le chef salua le Ro*main ass*is à terre.
>
> Dans le terr*ain om*breux croît le *foin* odorant.

La syllabe nasale n'est admissible devant une voyelle que lorsque la liaison de l'*n* peut se faire :

> *On a* dit que lorsque la mort vint le frapper
>
> *On en*via beaucoup sa glorieuse mort.

D'une manière générale, évitez toutes les rencontres de mots qui, *pour l'oreille,* donnent

la sensation d'un hiatus contraire à la cadence
et à l'harmonie.

Hiatus atténué par un e muet. — On pourrait
faire une critique mieux justifiée que celle
dirigée contre l'hiatus à la règle de versification
qui tolère l'hiatus, lorsque celui-ci se trouve
atténué par l'interposition d'un *e* muet, comme
dans ce vers :

> Quand vous vous amusez, votre *joie est* sincère.

Il n'y a pas de différence apparente de sonorité entre ces mots et ceux-ci :

> Nous le reconnaissons, votre *joi est* sincère,

et cependant ce dernier vers est incorrect en
raison de l'hiatus *joi est*, et le premier est considéré comme bon.

Cela provient de ce que les poètes, toujours
logiques et conséquents avec eux-mêmes, n'ont
pas voulu créer d'exception à la règle qui permet l'élision de l'*e* muet devant une voyelle.

Le doux Racine n'hésite pas à bénéficier de
la règle et à écrire :

> ...Toute entière à sa *proie attachée*.

De même, Théophile Gautier, si soigneux de
la beauté de ses vers :

> Et des Transtévérins, qui revenaient de Rome
> Sur la *voie Appia* trouvèrent un corps d'homme,
> Les reins brisés, le cou tordu.

Nous ne pouvons qu'approuver cette fidélité
à la règle.

D'ailleurs, il est visible que l'*e* muet met un
moelleux tampon d'ouate entre les deux voyelles
sonores, et que, par conséquent, l'hiatus se
trouve réellement atténué, même pour l'oreille.

*Élision de l'e muet suivi d'une ou plusieurs con-
sonnes.* — Nous venons de voir que l'*e* muet

atténue l'hiatus, et que l'on peut dire, par exemple, dans un vers :

La *fée est* femme encor...

Mais peut-on, dans un vers, élider l'*e* muet, lorsque celui-ci, bien que suivi de consonnes, n'est pas sensible pour l'oreille ?

En vertu de notre principe que la cadence et l'harmonie des vers sont faites pour l'oreille, nous répondons : oui ! sans la moindre hésitation.

Nous approuvons donc ces vers, parce qu'ils flattent l'oreille :

La *fée est* femme encor. Celles du voisinage
En*viaient* à l'enfant ses cheveux blonds, soyeux.

Pour la même raison, nous considérons comme bon ce ver :

Des *fées aux* cheveux d'or habitaient nos bruyères.

parce qu'on le prononce :

Des *fézaux* cheveux d'or...

Enfin, nous admettrons même :

Les assassins le *lient* et le *tuent* sans pitié.

Comme on le voit, dans nos sévérités comme dans nos indulgences, nous obéissons toujours au même principe, irréductible :
Tout pour l'oreille !... L'oreille est un guide — non pas infaillible, — mais le plus sûr auquel puisse se confier le poète.
Un vers qui sonne bien est toujours un bon vers.

Licences poétiques.

L'inversion. — Nos pères avaient la préoccupation essentielle de faciliter au poète l'expression de sa pensée, à la seule condition de ne pas détruire le rythme, *ce qui aurait été détruire le vers.*

Dans ces limites, ils ont toléré les licences les plus larges. Ainsi, l'*inversion,* qui est conforme au génie de la langue latine et tout à fait contraire au génie de la langue française.

Celle-ci enchaîne à une place fixe chaque élément de la phrase : sujet, verbe, attribut, si bien qu'une interversion suffit à modifier parfois complètement le sens des mots, et qu'un *homme grand* n'est pas un *grand homme,* de même qu'un *pauvre poète* n'est pas nécessairement un *poète pauvre.*

En latin, au contraire, et dans d'autres langues, l'inversion est de règle. Les Romains en faisaient surtout usage en poésie. Et voilà pourquoi les premiers poètes français, imitateurs de la versification latine, donnèrent une large place à l'inversion dans la versification française, d'autant plus qu'elle facilitait l'invention et la facture du vers.

Il existe des exemples d'inversion extraordinaires comme dans ce sixain relatif à un écroulement de l'église du Mont-Saint-Michel.

> L'église Saint-Michel du Mont,
> Depuis les tours en amont,
> Tout à coup en ruine vint
> L'an mil quatre cent un et vingt
> En la vigile Saint-Matthieu,
> Sans blesser homme. Bénist soit Dieu !

pour exprimer ceci :

> L'église du Mont-Saint-Michel
> Vint tout à coup en ruine,
> Depuis les tours en amont,
> L'an mil quatre cent vingt et un,
> En la vigile Saint Matthieu,
> Sans blesser homme. Dieu soit béni !

Remarquez cette trouvaille « L'an mil quatre cent un et vingt », pour : « L'an mil quatre cent vingt et un ».

Victor Hugo, grand contempteur des règles de versification léguées par le passé, les a cependant utilisées, en les exagérant même, comme il le faisait pour toutes choses.

Lui seul s'est permis une inversion aussi exagérée que celle de ces vers *(La Prière pour tous)* :

> Branche verte et frêle,
> *Où fait l'hirondelle*
> Son nid au printemps.

pour « où l'hirondelle fait son nid au printemps ». Nous n'insistons pas, d'ailleurs, sur *la branche verte et frêle* où l'hirondelle, d'après Victor Hugo, fait son nid au printemps, parce que c'est là une question d'histoire naturelle et non de versification.

Mais ces licences exagérées ont été vivement reprochées à Victor Hugo, et on les a parodiées plaisamment dans ce quatrain, destiné également à imiter, en les exagérant, les âpres consonances de beaucoup de ses vers.

> Jusques où, ô Hugo, juchera-t-on ton nom?
> Justice, enfin, que faite ne t'a-t-on?
> Quand donc au corps qu'académique on nomme,
> Grimperas-tu de roc en roc, rare homme?

Ces constatations ont pour objet de faire ressortir qu'il y a, en fait d'inversion, des licences autorisées, et d'autres qui, par leur exagération, dégénéreraient en abus.

Il faut se servir des unes et éliminer les autres en se souvenant toujours de l'usage de la conversation.

On admet l'inversion du complément indirect et du participe passé :

> Deux mulets cheminaient : l'un, *d'avoine chargé,*
>
> (LA FONTAINE, *les Deux mulets.*)

de même que celle du sujet et du verbe :

> En haut de la verte colline
> *Où tourne l'aile mon moulin.*

Remarquez que cette inversion n'a qu'une analogie apparente avec celle de Victor Hugo :

> *Où fait l'hirondelle*
> *Son nid* au printemps.

Ce qui rend celle-ci défectueuse, c'est que l'*hirondelle*, sujet de *fait*, sépare de ce verbe son complément direct *son nid*, ce qui n'a pas lieu dans le vers :

> Où tourne l'aile mon moulin

Victor Hugo aurait fait une inversion acceptable s'il avait écrit :

> Où fait son nid l'hirondelle.

En règle générale, l'inversion étant une *licence*, c'est-à-dire une simple tolérance, il vaut mieux l'éviter toutes les fois qu'on le peut.

Or, elle n'est guère nécessaire que pour obtenir une mesure correcte ou pour rendre le vers plus sonore.

Dans ce vers de La Fontaine :

> Deux mulets cheminaient : l'un, *d'avoine chargé,*

l'inversion était nécessaire, à la fois pour la cadence d'un vers de douze pieds et pour la rime masculine.

La Fontaine ne pouvait écrire :

> Deux mulets cheminaient : l'un chargé d'avoine.

puisqu'il aurait détruit la cadence, en faisant son vers de onze pieds, et obtenu une rime féminine ne convenant pas à la forme qu'il voulait donner à son sujet.

Dans ce vers :

Et sous le *blanc linceul* je me reposerai,

l'inversion a été faite afin que la suspension de la césure tombât sur le mot *linceul,* plus expressif que le mot *blanc.*

Ce sont là, nous le répétons, des artifices permis, du moment qu'ils concourent à la perfection, à la sonorité, à la beauté du vers.

Ils deviennent des abus lorsque, sans être justifiés par ces résultats, ils violent grossièrement la syntaxe française, comme dans ces vers :

Où fait l'hirondelle
Son nid au printemps,

Cette inversion exagérée n'a aucun prétexte, c'est un produit de la fantaisie et de l'esprit de bravade bien connu de Victor Hugo, qui plaçait orgueilleusement son génie au-dessus de toute règle.

Telle est la source des très nombreuses imperfections de ses œuvres.

Celles de ces dernières que l'on estime — il est loin d'en être ainsi de toutes — doivent leur succès à leur *lyrisme,* comme nous l'indiquerons plus loin, et non aux qualités de leur versification. Celle-ci est souvent incorrecte et ne saurait servir de modèle, sauf exceptionnellement.

L'enjambement. — Victor Hugo est aussi le poète qui a le plus abusé de la licence connue sous le nom d'*enjambement.*

Comme son nom l'indique, cette licence consiste dans la continuation, après la fin d'un vers, d'une phrase, dont le sens, non suffisamment suspendu, *enjambe* sur le vers suivant : Exemple :

C'est un très grand seigneur, très riche ; *c'est un homme
De valeur*. Mais je ne sais comment on le nomme.

Les *enjambements* font pâmer d'aise les nova-
teurs hostiles au rythme et à la rime, parce
qu'ils empêchent d'appuyer sur cette dernière,
et détruisent, par cela même, la cadence. Aussi,
dans leurs vers, en mettent-ils partout.

Ils obtiennent ainsi une suite de phrases qui
ne sont ni des vers ni de la prose, mais un
mélange bizarre de périodes hachées, s'arrêtant
et reprenant sans aucune cadence, et fatiguant
extrêmement l'oreille. Et ceux qui font ces *vers*
trouvent cela très beau !

Ici, comme dans l'inversion, il y a une limite
au delà de laquelle l'enjambement, surtout lorsqu'il est répété à jet continu, exprès, pour satisfaire une fantaisie préconçue, est un véritable
abus, absolument condamnable.

Ainsi, l'enjambement est tolérable lorsqu'on
le trouve, isolément, au début d'une strophe,
comme celle-ci de M. François Coppée :

Quand on y réfléchit, c'est très logique. *Au lieu
Du Christ,* la Marianne étalera son buste.
Quand la justice est morte, il faut bannir le Juste.
La mégère se carre où planait l'Homme-Dieu.

L'enjambement est très adouci dans ces vers
d'André Theuriet :

Quand luira ce jour du réveil?... *Personne
Ne peut le savoir...* Mais sûr, il viendra.

En règle générale, moins le rythme des vers
est altéré par l'enjambement, plus celui-ci est
admissible. Plus ce rythme disparaît, moins
l'enjambement est tolérable.

On a toujours critiqué, avec raison, les enjambements excessifs, et l'on a fait, pour montrer
leur absurdité, des parodies méritées, entre
autres celle-ci :

> Depuis mon départ, *ne m'a-t-on*
> *Pas oublié?* Je signe : *ton*
> *Ami* dévoué, Jean, *canton-*
> *nier* à Mazamet.

Les règles ordinaires de la versification française sont tellement larges, même sans faire usage des licences, qu'il vaudrait mieux être *puriste* et s'abstenir totalement de celles-ci, sauf peut-être en ce qui concerne l'*inversion* utile à la beauté des vers. L'*enjambement* est moins justifiable parce qu'il est toujours évitable sans inconvénient.

°
° °

Encor. — Nous avons vu (ch. III) que l'usage tolérait l'élision de l'*e* muet d'*encore* devant une consonne. C'est une licence anodine, mais dont il vaudrait mieux ne pas se servir.

Jusques. — Il est une autre licence qui permet d'introduire dans les vers la liaison *jusques à* :

Et puis nous dormirons, tous, *jusques à* demain.

Il vaut mieux la supprimer également :

Et puis nous dormirons, d'un trait, *jusqu'à demain*.

°
° °

On voit quelle est notre tendance. Elle consiste à s'en tenir aux règles strictes de la versification française et à ne faire usage des licences que dans la moindre mesure possible.

Nous sommes guidés, en cela, par des motifs dont nous avons déjà touché un mot.

C'est qu'il n'est pas bon de faire des vers faciles, parce que les vers faciles sont rarement bons.

Les règles de la versification, en faisant obstacle à cette facilité, obligent à travailler, et l'effort réalisé aboutit à des effets poétiques d'une grande beauté.

C'est avilir la poésie, c'est la faire déchoir du rang élevé qu'elle doit tenir, que de la débarrasser des entraves de la règle.

Nous avons vu que l'on arrive ainsi à détruire l'essence même des vers.

Au contraire, le *purisme*, en contraignant le versificateur à trouver une cadence et un rythme corrects, l'oblige à ciseler, à polir sa phrase. Cette gymnastique littéraire est l'exercice le plus salutaire que l'on puisse faire pour bien se pénétrer de l'infinie plasticité de notre belle langue française. Elle est d'une richesse, d'une fécondité de formes dont seuls ont conscience ceux qui l'ont mise à l'épreuve.

Lorsque, *la plume à la main*, l'on s'escrime à exprimer sa pensée en vers corrects, la première forme qui jaillit du cerveau, à peine dégrossie, s'adoucit peu à peu par l'élimination des vocables rudes ou impropres. Puis la phrase s'assouplit, pour satisfaire l'oreille par sa cadence ou par son rythme : un mot trop faible cède la place à un mot sonore, la période s'arrondit, la césure se fixe, s'accentue par le choix d'une expression plus vive, plus nette, et finalement, le vers se déroule, vibrant comme une corde de lyre, rutilant comme un joyau.

✤ ✤ ✤

CHAPITRE VII

Principales fautes de versification.

L es règles générales de la versification française, que nous venons d'exposer, sont
d'une telle simplicité et d'une telle clarté qu'au
premier abord rien ne semble plus facile que de
les suivre sans se heurter à la moindre hésitation ; dans la pratique, il n'en est plus de même.

Notre langue est capricieuse et multiforme :
c'est, de toutes les langues — les étrangers, qui
en ont fait l'expérience, ne se gênent pas pour
le proclamer — la plus difficile à apprendre.

La prononciation française n'obéit, en réalité,
à aucune règle qui soit absolument fixe et sans
exception. Elle déroute tous ceux dont le français n'est pas la langue maternelle et qui ne se
sont pas habitués, peu à peu, à ses bizarreries.

Les Français eux-mêmes, y compris ceux qui,
par des études prolongées, ont pu se rendre
compte du mécanisme de notre langue, ne sont
pas toujours à l'abri de certaines perplexités,
soit qu'ils écrivent en prose, soit qu'ils veuillent
faire des vers.

C'est surtout dans la versification que les
singularités de la langue française exposent
à commettre des fautes. Signalons les principales, en indiquant les moyens de les éviter.

Fautes dans la mesure des vers. — Les débutants aiment beaucoup à faire des vers de *douze*
pieds.

S'ils étaient libres, ils en feraient de *treize,*

de *quatorze* pieds, et même plus, dans le genre
de ceux-ci :

Mon Dieu! que la campagne est donc une chose
[agréable.
On y trouve, de toutes parts, une grande variété de
[fleurs...

Cela leur arrive encore quelquefois, en dépit
de la règle, généralement par suite de quelque
inadvertance.

On peut être facilement conduit à cette erreur,
lorsque le vers commence par une phrase courte
de une, de deux ou de trois syllabes. Alors, il
arrive que l'on n'en tienne pas compte dans la
mesure et qu'on se laisse entraîner à écrire :

Oui, quand le soleil aura terminé sa carrière.
Demain! Mais, demain, le secours arrivera trop tard.

On voit que ces vers seraient bons sans les
mots *Oui* et *Demain* que, par distraction, on
n'a pas englobés dans la mesure.

Quelquefois, c'est dans le corps même des
vers que l'oreille laisse passer inaperçues des
syllabes surnuméraires :

Et l'oiseau d'or, avec un cri plaintif, s'est envolé.

est un vers de *quatorze* pieds. On peut le laisser
échapper, parce que, dans la prononciation,
les trois syllabes *avec un* sont presque escamo-
tées en une seule, comme s'il y avait :

Et l'oiseau d'or, *au* cri plaintif, s'est envolé.

Si l'on scande ces deux vers avec attention,
on remarquera, non sans étonnement, que celui
de quatorze pieds est plus agréable à l'oreille
que celui de douze.

Il y a à cela une raison qui montre bien le
grand charme qu'exercent toutes les sortes de

cadences. C'est que ce vers possède, comme les vers latins, un *rythme métrique* :

Et l'oi-seau d'or-avec-un cri plain-tif s'est en-volé.

Lorsqu'on versifie rapidement, en se fiant, pour le compte des pieds, à la prononciation ordinaire, il est facile de composer, sans s'en apercevoir, des vers incorrects au point de vue de la mesure, parce que l'on n'a pas été attentif au nombre de syllabe que comportent certains mots.

Nous avons déjà signalé (ch. III), dans cet ordre d'idées, les différences qui existent, au point de vue du nombre des syllabes, dans les mots à désinence en *ieux* et en *ion*.

Par exemple, la finale *ieux* est d'une seule syllabe dans *cieux*.

Et son vol se perdit dans l'infini des *cieux*.

Elle est de deux syllabes dans *précieux* :

L'innocence du cœur est un bien *préci-eux*

Les mots *lieux, dieux, vieux, mieux*, etc., sont d'une syllabe. Les mots *curieux, furieux, déli-cieux*, etc., sont de deux syllabes.

Le substantif *pieux*, pluriel de *pieu*, est d'une syllabe. L'adjectif *pieux* est de deux syllabes.

La règle qui préside à ces différences de prononciation existe, mais elle est obscure.

Il est visible qu'en général la désinence *ieux* est d'une syllabe lorsqu'elle n'est pas précédée, dans un même mot, par une autre syllabe : *mieux, vieux*, etc., et qu'elle se dédouble dans le cas contraire : *curieux, délicieux*, etc. Si elle n'est que d'une syllabe dans *adieux*, c'est parce que ce mot est composé du mot *dieux* à syllabe unique. Si elle est de deux syllabes dans l'ad-jectif *vieux*, c'est que celui-ci est un dérivé du mot *piété*, où la syllabe *pi* est accentuée et ne se confond pas avec l'*é* qui suit.

On entrevoit donc les raisons de ces différences, et ces raisons, appliquées à d'autres mots, peuvent guider sur la valeur des syllabes en cas d'hésitation.

Ainsi, il est assez difficile de se prononcer sur la valeur syllabique de la désinence du mot *pluvieux*.

Faut-il dire (vers de douze pieds) :

Le vieillard s'en allait sous un ciel *plu-vi-eux*

Ou bien (vers de dix pieds) :

Le vieillard partit sous un ciel *pluvieux*.

La question est controversable si l'on ne considère que la prononciation du mot *pluvieux*. Mais, si l'on veut lui appliquer la règle des mots *curieux*, *furieux*, il faut faire sa désinence de deux syllabes. En outre, dans le vers qui sert d'exemple, nous avons introduit à dessein le mot *vieillard*, pour montrer le jeu de mots auquel on est exposé en faisait d'une seule syllabe la finale du mot *pluvieux*.

Car ce mot peut entrer aussi dans le corps d'un vers :

Le bonhomme était *vieux!...* Le ciel, *pluvieux encore...*

Avec la désinence de deux syllabes, ce jeu de mots devient impossible.

Nous trouvons dans les mots en *ion, ionne*, les mêmes particularités que dans ceux en *ieux ieuse,* mais non les mêmes règles.

Pion est d'une syllabe ; *lion, Sion,* sont de deux syllabes, sans qu'on aperçoive la raison de ces différences.

On a pris l'habitude, en poésie, de décom-

poser en deux syllabes la plupart des finales en
ion : acti-on, opini-on, etc.

Quelquefois, cette séparation n'est pas trop
choquante, mais souvent elle jure tellement
avec la prononciation ordinaire que les vers
ainsi composés en deviennent lourds et désa-
gréables à l'oreille.

Aussi bannit-on le plus possible tous ces mots
de la versification, pour éviter l'effet fâcheux
qu'ils produisent, et l'indécision dans laquelle
on se trouve à l'égard de leur valeur dans la
mesure. Ainsi :

Quelle est la *passion* qui vous *impressionne?*

sera un vers de *douze* pieds ou de *dix* pieds,
suivant que l'on fera de *deux* ou d'*une* syllabe
la désinence *sion* des mots *passion* et *impressionne.*

Régulièrement, ce devrait être un vers de
douze pieds, mais dans ce cas, il ne concorde
pas avec la prononciation ordinaire. En conséquence, un bon poète l'évitera, et donnera à son
idée une autre forme tout aussi expressive,
sinon plus, mais sans mesures douteuses, par
exemple :

De quel trouble soudain votre âme est-elle émue?

Le vers est meilleur, il sonne mieux, il est
bien mesuré.

Or, il est toujours possible, dans la pratique,
d'opérer, dans un vers, cette transformation.

Mêmes observations pour les désinences *ien,
ienne, iel, ielle.*

Elles sont monosyllabiques dans *chrétien,
soutien, ciel, enfielle.*

Je suis *chrétien,* voilà ma gloire,
Mon espérance et mon *soutien.*

Elles sont dissyllabiques dans *Algérien, Algé-rienne, Ariel, kyrielle.*

De ses hauts faits passés la longue *kyrielle.*

Il est bien difficile de formuler des règles fixes permettant de distinguer celles de ces finales qui sont monosyllabiques de celles qui sont dissyllabiques.

Généralement, l'étymologie des mots est d'un grand secours pour reconnaître la valeur de leurs finales.

Il est certain qu'*enfielle* a une désinence monosyllabique parce que sa racine *fiel* est elle-même monosyllabique.

De même *kyrielle* est dissylabique, à cause de la dissyllabe de *kyri-e,* sa racine.

La distinction est plus difficile, par exemple, pour les mots comme *musicien, magicien, physi-cien,* qui obéissent tous les trois à la même formation étymologique.

Le nombre de syllabes à donner à leur finale est des plus controversable et dépend beaucoup de la position que ces mots occupent dans un vers par rapport aux autres syllabes sonores.

En ces matières, il importe de se laisser guider surtout par la cadence et l'harmonie du vers.

Dans le doute, nous conseillons, comme toujours, de supprimer le mot sujet à controverse et de lui en substituer un autre, dût-on, pour cela, se trouver entraîné à modifier un ou plusieurs vers.

Parmi les mots à désinence en *ial, iale,* nous n'en connaissons pas dont cette finale soit monosyllabique.

Sur son front *beati-al* se lit la cruauté.

Parfois l'effet produit est désagréable à l'oreille :

> Le château d'Othe fut manoir seigneu*ri-al*.

Dans ce cas, il n'y a qu'à supprimer le mot et à modifier le vers, par exemple :

> Le château d'Othe fut, jadis, manoir gothique.

Il ne faut pas hésiter à transformer un ou plusieurs vers pour remplacer de mauvaises sonorités par de meilleures.

D'une manière générale, on peut éviter les fautes de mesure dues à une erreur sur le nombre de syllabes d'un mot, en relisant attentivement chaque vers, en scandant les mots douteux, et en les supprimant si l'on ne parvient pas à se former une opinion raisonnée à leur sujet.

Mais on peut aussi faire des fautes de mesure en ne tenant pas suffisamment compte des syllabes muettes.

En répétant à plusieurs reprises un même vers, afin de trouver s'il a le rythme syllabique voulu, on appuie nécessairement davantage sur les syllabes sonores, et c'est ainsi que des muettes peuvent échapper à l'attention. Par exemple, dans ce vers :

> Le moine solitaire chemine vers l'exil.

la syllabe muette de *solitaire* peut fort bien passer inaperçue, et l'on se trouve avoir fait ainsi, par inadvertance, un vers de *treize* pieds.

Cette faute est facilement évitable. Il n'y a qu'à passer, en se relisant, une revue minutieuse des muettes, et vérifier pour chacune d'elles si elles sont correctement élidées ou si elles peuvent légitimement compter pour une mesure dans le vers.

On sait (ch. III) que, sauf pour le mot *encore,* l'*e* muet ne peut s'élider que devant une voyelle ou une *h* muette. D'autre part, devenant sonore devant une consonne, l'*e* muet ne le devient pas toujours suffisamment pour pouvoir coïncider avec la césure.

En ne perdant jamais de vue ces préceptes, il est facile de se garer des *e* muets surnuméraires ou mal placés.

Dans une langue comme le français, où les muettes sont extrêmement nombreuses, leur surveillance exige une attention spéciale et soutenue, car ce sont elles qui constituent la principale pierre d'achoppement dans la composition des vers.

Hiatus. —- Le précédent chapitre donne sur l'*hiatus* les règles et les exceptions.

Fautes dans la rime. — On pèche contre les règles de la versification française :

1° Lorsqu'on fait des rimes trop riches :

> Cette lyre tendre et *touchante*.
> Ces jeunes âmes où *tout chante*.

2° Lorsqu'on se contente de rimes *suffisantes* pour des mots extrêmement abondants en rimes identiques :

> Ce que j'aime avec *passion*
> C'est la salade de *cresson*.

parce qu'il est bien évident que les terminaisons en *ion* et en *son* sont si nombreuses, qu'il serait facile de leur trouver une consonance avec lettre d'appui semblable :

3° Lorsque les rimes sont visiblement *insuffisantes* :

> La Vierge Marie
> Un jour m'a souri.

Que ces rimes ne vous fassent pas sourire : elles sont plus fréquentes qu'on ne croit.

4° Lorsque les vers ne riment pas du tout :

> De la fleur blanche du *jasmin*
> Je respirais le doux parfum.

Il y a beaucoup de personnes dont l'oreille ne distingue aucune différence entre ces deux désinences.

5° Lorsque les vers riment pour l'œil et non pour l'oreille :

> Au hasard, je prends une carte au *tas*
> Et, du premier coup, je retourne l'*as*.

Tas et *as* ne riment certainement pas.

6° Lorsque l'on fait rimer des mots dérivant l'un de l'autre :

> Lorsque je me réveille *au milieu de la nuit*
> J'entends les douze coups de l'heure de *minuit*.

Fautes dans la composition. — Les chevilles. —
On peut avoir observé toutes les règles exposées dans les chapitres iii, iv et v ; on peut avoir évité toutes les fautes signalées dans ce chapitre vi, et n'avoir fait cependant que des vers très médiocres.

La principale cause de médiocrité dans les vers, c'est l'absence d'idées poétiques. Nous en reparlerons, avec les développements nécessaires, dans les chapitres viii et x.

S'il se joint à cela une certaine difficulté dans la manière d'exprimer ses pensées, on se trouve entraîné à suppléer à l'inspiration et aux expressions justes par des mots et des phrases de *remplissage*.

C'est ce que l'on appelle des *chevilles*.

Les chevilles sont l'écueil contre lequel viennent se heurter tous les débutants dans l'art de faire des vers.

Il manque à la mesure une syllabe ou deux. On y supplée par un mot quelconque : c'est une *cheville !*

On ne trouve pas de rime adéquate à la pensée du vers. On y supplée par une rime quelconque : c'est une *cheville !*

On veut exprimer cette idée en un vers de *douze* pieds :

> En ce jour de mai, la terre était belle.

C'est déjà un vers de dix pieds très acceptable. Mais les jeunes poètes, nous l'avons déjà dit, aiment beaucoup les vers de *douze* pieds, et encore est-ce parce qu'on les blâme lorsqu'ils en font de *quatorze.* S'il faut un alexandrin, les jeunes poètes écriront :

> En ce chaud jour de mai, la terre était *fort* belle.

Dans ce vers, les mots *chaud* et *fort* sont des *chevilles,* puisque l'on pouvait aisément s'en passer pour exprimer la même idée.

Les vers de Victor Hugo sont pleins de chevilles, tant pour obtenir la mesure que pour obtenir la rime. Des strophes entières sont faites de chevilles :

> A toi, Bassora, Trébizonde,
> Smyrne, *où de grands noms sont gravés*
> Fez, *où la poudre d'or abonde,*
> Mossoul, *où commerce le monde,*
> Erzéroum, *aux chemins pavés.*

Les quatre phrases soulignées sont de pures chevilles, absolument étrangères au sujet même de la poésie. Elles sont quelconques, et auraient pu être tout autres, du moment qu'elles donnaient la strophe désirée :

> A toi, Bassora, Trébizonde,
> Smyrne, *où les chemins sont pavés,*
> Fez, *où souvent le simoun gronde,*
> Mossoul, *et sa grande tour ronde,*
> Erzéroum, *aux vieux murs lavés.*

L'essentiel, c'est d'énumérer des villes musulmanes. Les épithètes qu'on leur donne n'ont pas la moindre importance, pourvu qu'il y ait la mesure et la rime.

On a, depuis longtemps, fait la remarque qu'il n'y a rien de plus facile à imiter que les vers de Victor Hugo (nous ne parlons pas de son inspiration poétique, mais de la facture de sa versification). On ne s'est pas privé, en effet, de les parodier de toutes les façons.

Cela tient à ce que, chez ce poète, les mots n'ont dans les vers qu'une importance toute relative, du moment que l'idée générale, claire ou obscure suivant le cas, reste dominante.

Dans ce vers :

Afin qu'un blé *plus mûr* fasse plier vos granges.

plus mûr, c'est une cheville, destinée à remplir la mesure. L'idée était celle-ci :

Qu'un blé plus abondant fasse plier vos granges

On le comprend, et cela suffit. Mais le vers est *chevillé,* ce qui est toujours fâcheux, surtout pour un poète comme « le grand Hugo ».

Bannissez les chevilles de vos compositions poétiques. Pour cela, relisez-les avec soin. Dès que vous vous apercevez que vous avez introduit un mot dans un vers uniquement pour obtenir la mesure ou la rime qui vous manquaient, remplacez-le par un autre exprimant une idée utile à la beauté du vers.

Si cette substitution est impossible, n'hésitez pas à refaire complètement un ou plusieurs vers, plutôt que de conserver une cheville.

CHAPITRE VIII

Différentes mesures des vers français

Vers *de douze pieds*. — La versification française a ses racines primitivesdans la versification latine :

Or, comme les vers latins les plus usités étaient les *hexamètres* et les *pentamètres* — vers de *six* et de *cinq* pieds métriques, — ce sont eux que l'on a imités tout d'abord. Le vers français de douze pieds syllabiques correspondait à l'hexamètre, et celui de dix pieds correspondait au pentamètre.

Voilà pourquoi l'on donne au vers français de douze pieds le nom d'*hexamètre*, improprement d'ailleurs, puisqu'il n'a pas *six* mesures, mais *douze*.

C'est au xᵉ siècle que l'invasion des Normands, apportant à la nationalité française l'un de ses plus précieux éléments, fit naître notre versification. Les premiers monuments de la poésie *française* sont normands d'origine et normands de sujet. Les « jongleurs » picards et anglo-normands créèrent la chanson de geste, ordinairement en vers de dix syllabes.

Au xiiᵉ siècle, Lambert li Cors (c'est-à-dire *le Court*), né à Châteaudun, à Châtellerault ou à Nantes, commença l'*Alexandriade* ou *Roman d'Alexandre le Grand* en vers de douze pieds (continué par *Alexandre* de Bernay).

A partir de ce poème, les vers de douze pieds portèrent le nom de vers *alexandrins* sous lequel ils sont encore désignés aujourd'hui.

C'est en *alexandrins* que sont écrits la plupart des poèmes de longue haleine, les tragédies, les drames, les comédies, et aussi beaucoup de poésies de tous genres.

C'est, en effet, le vers qui se prête le mieux aux longues périodes et à l'expression des sentiments les plus divers, sans risquer d'amener la fatigue.

Les vers plus courts sont parfois plus élégants, plus gracieux, et conviennent aux poésies fugitives, mais ils ne peuvent être soutenus longtemps sans provoquer une impression de lassitude.

L'alexandrin est le vers *classique* par excellence. C'est surtout pour lui qu'ont été établies les règles de la versification française, applicables d'ailleurs, presque sans modifications, à toutes les mesures de vers.

Nous avons vu qu'on n'exige plus aujourd'hui d'une façon aussi rigoureuse sa division en hémistiches égaux uniformément cadencés. Il a pris une liberté d'allure qui le rend aussi élégant que les vers de n'importe quelle autre mesure.

On en a une preuve frappante dans ces vers, que Maurice Bouchor met dans la bouche de Tobie aveugle, bénissant son fils avant le départ de ce dernier :

Ne t'agenouille pas, — pour que, — sans me baisser, —
Une dernière fois, — je puisse caresser
Tes cheveux et ta joue... — Ah ! — Ces tristes murailles
Vont pleurer, — jour et nuit, — l'enfant de mes entrailles !
Peut-être, — ô mon cher fils, — lorsque tu reviendras, —
Ne serai-je plus là, — pour serrer dans mes bras, —
Pour couvrir de baisers, — pour baigner de mes larmes, —
L'enfant de notre amour, — source de tant d'alarmes ; —
L'Éternel Dieu, — peut-être, — aura guidé mes pas —
Au pays ténébreux d'où l'on ne revient pas, —
Ainsi, — garde en ton cœur mes paroles suprêmes :
Honore, — chaque jour, — bénis, comme tu l'aimes, —

Celle qui t'a porté, — mon fils, — avec douleur, —
Puis nourri de son lait, — préservé dans ta fleur, —
Enveloppé d'amour, — de soins — et de caresses; —
Et, — plus tard, — si la mort t'enlève à tes tendresses, —
Ferme pieusement ses yeux, — pleure-la bien, —
Et mets, — dans le tombeau, — son corps — tout près du
[mien. —
Lève tes mains vers Dieu, — lorsque tu désespères, —
Souviens-toi — que — toujours — il veilla sur nos pères, —
Qu'il bénit Abraham, — Isaac — et Jacob. —
Sois-lui soumis — autant que le saint homme Job. —
Observe bien — la loi qu'il fixa pour les nôtres; —
Déteste l'injustice, — et ne fais point aux autres —
Ce que tu ne veux pas que l'on te fasse. — Il faut, —
Si tu dois un denier, — le payer aussitôt, —
L'ouvrier — a toujours besoin de son salaire. —
Parle à ton serviteur — sans fierté ni colère. —
Que le pauvre — devant ta porte soit fêté; —
Mange avec lui ton pain; — couvre sa nudité; —
Jamais, — en le voyant, — ne détourne ta face; —
Et Dieu, quand tu voudras un secours efficace —
Ne détournera point son visage de toi. —

On trouve, dans ces vers, toutes les formes
de cadence, et ils sont d'une telle variété de
rythme que l'on pourrait en lire de pareils, des
centaines, sans éprouver la moindre satiété.

Vers de onze pieds. — Ils sont très difficiles
à réussir à cause de l'habitude que l'on a de la
cadence régulière des vers à rythme syllabique
pairs, et ils ne sont pas à recommander; même
en les mélangeant, comme dans ce morceau,
qui ne manque pourtant pas d'art, de Louis
Marsolleau, on n'obtient qu'une cadence originale peut-être, mais tourmentée :

Ophélie, avec des fleurs, bercée au flot,
S'en va, très pâle, et trépassée, au fil de l'eau.

Renversée, et ses cheveux traînant sur l'onde,
Ses froids yeux bleus perdus au ciel, fragile et blonde,

Elle va, la bouche ouverte, laissant voir
Ses blanches dents. Le fleuve lent semble un miroir.

C'est l'aurore. Un frais frisson court dans les branches.

Sur les bords, s'éveillent clairs les chants d'oiseaux.
La brise penche, à son passage, les roseaux.

Ophélie, avec des fleurs, au flot bercée,
Au fil de l'eau s'en va très pâle et trépassée.
(LOUIS MARSOLLEAU, Ophélie.)

On remarquera que cette poésie se compose de distiques, dont le premier vers est de onze pieds et le second de douze pieds. Entre le troisième et le quatrième distique, est intercalé, en outre, un vers isolé de onze pieds. L'effet d'ensemble est *extrêmement harmonieux.*

Vers de dix pieds. — Ce sont les plus anciens vers français.

Nous les avons rencontrés dans la *Cantilène de sainte Eulalie* (x° siècle) et la *Chanson de Roland* (xi° siècle).

C'est celle des vers du duc Charles d'Orléans, de Villon et de Clément Marot, que nous avons cités au chapitre III.

Bien que plus courts que l'*alexandrin,* les vers de dix pieds restèrent *plus lourds* que ceux de douze pieds, tant que l'on ne songea pas à entre-croiser isolément les rimes masculines et les rimes féminines, au lieu de les faire suivre par distiques alternativement masculins et féminins.

Dès que l'on eut l'idée d'employer cette cadence, elle donna aux vers de dix pieds une légèreté de plus en plus grande.

Aujourd'hui, on a acquis une telle science de la mesure et de l'harmonie que les vers de dix pieds, lorsqu'ils sont bien faits, sont peut-être les plus fluides de tous. Ils ont une allure rapide, une coupe régulière, élégante, et un mouvement qui charme l'oreille.

On peut en juger par ces jolis vers de Mme A. Barutel, *Réveillez Pierrot !* dont nous ne reproduisons que les deux premières strophes. Elles ont été publiées *in extenso* dans le numéro du *Noël* du 12 juillet 1906 :

A quoi rêve-t-il, le maître d'école !
La moisson retient son monde aujourd'hui ;
Il n'a qu'un disciple en face de lui,
Le petit Pierrot, une tête folle,
Qui, soit de chaleur, soit de vague ennui,
Dort à poings fermés, oubliant son rôle.

Secouez Pierrot, maître ! l'heure court ;
Ce gamin est là pour apprendre à lire,
Et, quand on lui montre un livre, il soupire,
Tandis qu'au galop l'avenir accourt,
Tandis que le livre a tant à lui dire.
L'enfant ne sait pas que le temps est court.

On s'apercevra que le charme de ce rythme résulte de l'entre-croisement habile de trois rimes féminines et de trois rimes masculines. Remarquez que ces rimes n'ont pas été alternées *par unités*, mais que le deuxième et le troisième vers sont à désinence semblable. Cette coupure de cadence est du plus heureux effet.

Remarquez aussi que, conformément à la règle de l'entre-croisement des rimes qui prohibe la rencontre de deux rimes *de même genre et de sons contraires*, la première strophe commençant et finissant par une rime féminine, la deuxième commence et finit par une rime masculine, la troisième par une rime féminine et ainsi de suite.

Il y a là une nouvelle rupture de cadence très agréable à l'oreille.

On peut imaginer d'autres combinaisons et arriver à composer, en vers de dix pieds, de très harmonieuses poésies.

Vers de neuf pieds. — Dans ces vers, bien que le nombre des pieds soit impair, il est facile d'introduire une cadence, parce que ce nombre est divisible, soit en trois *coupes* de trois pieds, soit en deux coupes de trois et six pieds, soit en deux coupes de quatre et cinq pieds.

C'est ce qui permet de donner une grande

variété aux poésies composées de vers de neuf pieds.

Rappelons le curieux exemple déjà emprunté à Jean Richepin :

> Quarante ans | à travers | le danger
> Tous les jours, | à cheval, | j'ai couru
> Emportant, | au désert | pour manger,
> Sous ma selle, | un morceau | de bœuf cru.

Vers de huit pieds. — Ces vers sont, en raison de la brièveté de leur cadence, susceptibles de prendre diverses allures, suivant la façon dont on les entre-croise dans une strophe.

> Fatal oracle d'Epidaure
> Tu m'as dit : « Les feuilles des bois
> A tes yeux jauniront encore,
> Mais c'est pour la dernière fois. »
>
> Millevoye

Cette strophe est aussi lente et grave que si elle était composée d'alexandrins.

La *Marseillaise*, qui est aussi en vers de huit pieds, a déjà plus de mouvement, même sans la superposition du rythme musical.

Sous la plume de Théophile Gautier, la même cadence prend une plus grande légèreté. (*Les Sirènes*) :

> Jadis, — elles suivaient sans crainte
> Les trirèmes de l'archipel.
>
> . . . .
>
> Adieu, — douce mythologie,
> Le paquebot passe, — et de loin
> Croit voir, sur la vague élargie,
> Une culbute de marsouin.

Ces différences proviennent uniquement de la façon de scander les vers, qui sont tous de huit pieds.

Ceux de Chénier sont comme martelés par une cadence uniforme.

Dans la *Marseillaise*, c'est une déclamation plus vive, coupée moins uniformément, mais conservant encore une cadence régulière.

Avec Théophile Gautier, le vers de huit pieds devient d'une grande fluidité. La césure et la cadence se déplacent incessamment, et le rythme revêt une allure berceuse, douce, rapide, qui l'emplit de charme.

Il est facile de voir que tout le secret de cette harmonie, toujours correcte dans sa variété, résulte surtout des habiles déplacements de la césure (que nous avons indiquée par un petit trait), ou même de sa suppression, quand le vers doit courir plus rapidement comme ceux-ci :

> Les trirèmes de l'archipel.
> Une culbute de marsouin.

Vers de sept pieds. — C'est un vers d'une grande élégance, en raison même de son rythme impair qui permet de déplacer facilement la césure.

Les vers de sept pieds, en raison de leur cadence rapide, sont choisis de préférence pour les poésies légères, les odes, les chansons, et dans tous les cas où l'on veut donner au rythme une allure pressée à périodes bien mesurées, comme dans ce morceau (*Course de bateaux*):

> Ils sont partis! Leur cohorte,
> Comme un vol d'oiseau qu'emporte
> Le souffle de l'aquilon,
> S'éloigne, vive, rapide,
> Traçant sur l'onde liquide
> Comme un multiple sillon.
>
> La voile, que le vent fouette,
> Comme une aile de mouette,
> Oscille, claque, se tend,
> Et s'étale toute blanche,
> Aidant le gars qui se penche,
> Puissant rameur sur son banc.

> Eux, les rameurs intrépides,
> Avec des gestes splendides,
> Creusent des sillons béants,
> Leurs bras musclés et robustes
> Se dessinent sur leurs bustes
> Comme des bras de géants.

C'est aussi la coupe de la poésie *Il dort*, de M. Louis Ratisbonne, publiée dans le numéro du *Noël* du 11 octobre 1906.

Vers de six pieds. — C'est là, véritablement, l'*hexamètre* français. L'*alexandrin* est un *double hexamètre*.

Il en résulte que les vers de six pieds, par sa répétition, revêt une partie des qualités et des défauts des vers alexandrins.

Ainsi, dans ces vers de Lamartine (*Harmonies poétiques*) :

> Je sais sur la colline
> Une blanche maison ;
> Un rocher la domine,
> Un buisson d'aubépine
> Est tout son horizon.

on peut trouver deux alexandrins :

> Je sais, sur la colline, une blanche maison ;
> Un buisson d'aubépine est tout son horizon.

Toutefois, le retour de la rime sur la césure est monotone et fatigant.

Aussi les vers de six pieds ne sont-ils pas ordinairement employés pour les poésies légères, sauf pour les romances et les chansons, dans lesquelles le rythme musical masque la monotonie de la cadence.

Vers de cinq pieds. — C'est la moitié du vers de dix pieds, mais avec cet avantage qu'il a une cadence impaire, ce qui manque au vers de six pieds.

D'autre part, nous avons vu combien le vers de dix pieds, convenablement coupé, peut devenir rapide et élégant. Le vers de cinq pieds participe à ces précieuses qualités et les accuse même davantage.

Rien de plus gracieux que de jolis vers de cinq pieds, bien entre-croisés.

Qui ne connaît ceux de Mme Deshoulières :

> Dans ces prés fleuris
> Qu'arrose la Seine,
> Cherchez qui vous mène,
> Mes chères brebis...

Vers de quatre pieds et au-dessous. — Nous arrivons à une catégorie de mesures syllabiques, utilisables dans certains cas, ainsi que nous le montrerons ci-après, mais dans lesquelles c'est surtout la fantaisie qui s'est donné carrière.

Victor Hugo — qu'il faut toujours citer lorsqu'il s'agit de vers extraordinaires, car il a abordé absolument tous les genres — a eu l'ambition de réunir, dans une de ses *Orientales*, toutes les mesures de vers, depuis ceux de *deux* syllabes jusqu'à ceux de *huit* syllabes,

Il poursuivait un autre but : celui de produire, par la coupe même des vers, comme en une sorte d'harmonie imitative, la sensation de la progression d'une rumeur lointaine, d'abord imperceptible, puis graduellement grandissante, jusqu'à atteindre son maximum d'intensité, et ensuite la décroissance également successive de ce bruit, jusqu'à ce qu'il se perde dans l'éloignement.

L'idée est ingénieuse, et Victor Hugo l'a mise en œuvre avec beaucoup d'habileté, en imaginant le passage nocturne d'un essaim de *djins* (génies malfaisants des légendes orientales), sur la demeure d'un musulman.

Il commence par une strophe en vers de *deux* syllabes, suivie d'une strophe en vers de *trois* syllabes, puis de *quatre*, etc.

Murs, ville
Et port ;
Asile
De mort ;
Mer grise,
Où brise
La brise,
Tout dort.

Dans la plaine
Naît un bruit :
C'est l'haleine
De la nuit ;
Voix qui brame
Comme une âme
Qu'une flamme
Toujours suit.

La voix, plus haute,
Semble un grelot ;
D'un nain qui saute
C'est le galop ;
Il vient, s'élance,
Puis, en cadence,
Sur un pied danse,
Au bout d'un flot.

Suivent des strophes de *cinq, six, sept* syllabes qui accentuent le bruit, puis, dans la strophe qui forme le centre de la poésie, le musulman prie en vers de *huit* pieds :

*C'est faux
le centre
est en vers
de dix pieds*

Prophète, si ta main me sauve, etc.

Puis les strophes diminuent. D'abord *sept* pieds :

Ils sont partis. Leur cohorte,
Qui s'éloigne à pas pressés,
Cesse de battre ma porte
De ses coups précipités, etc.

Ensuite *six, cinq, quatre, trois* pieds, et enfin *deux* pieds :

On doute,
La nuit...
J'écoute :
Tout fuit

> Tout passe,
> L'espace
> Efface
> Le bruit,

C'est un élégant tour de force, mais on voit au prix de quelles concessions il a été obtenu. Entre cinq et huit pieds, les vers, faciles à faire, conservent une allure correcte et un sens *plus ou moins* acceptable.

Mais que dire des bizarreries exigées par la composition des vers de *quatre* pieds et au dessous ?

> Au *bout* d'un flot.

Qu'est-ce que le *bout* d'un flot ? Qu'est-ce que cette *voix* qui *semble un grelot* et qui *est le galop d'un nain qui saute ?*

Enfermé dans un rythme étroit, le poète a été obligé de tout lui sacrifier, même la clarté des vers. Cependant, malgré ces défauts, il est impossible de méconnaître que Victor Hugo s'est adroitement tiré des difficultés de son entreprise, et que cette pièce est à la fois intéressante, pleine d'harmonie imitative, et bien tournée.

Toutefois, en ce genre difficile, le comte de Rességuier, l'un des fondateurs de la Muse française, a dépassé Victor Hugo lui-même. Il a composé un sonnet en vers d'un pied :

> Fort
> Belle,
> Elle
> Dort !
>
> Sort
> Frêle,
> Quelle
> Mort !
>
> Rose
> Close,
> La

Brise
L'a
Prise.

Il serait difficile d'affirmer que c'est une poésie, que ce sont des vers, puisqu'il n'y a plus de rythme, tandis qu'il en reste un dans les vers de deux pieds. Mais c'est un bien extraordinaire tour de force.

Cela ne veut pas dire que le vers d'*un* pied ne puisse pas être, occasionnellement, non seulement métrique, mais même d'un effet de cadence très heureux dans la versification. Pour cela, il suffit de l'intercaler habilement parmi des vers polysyllabiques, comme dans cet exemple :

Et l'on voit des commis
Mis
Comme des princes,
Qui, jadis, sont venus
Nus
De leurs provinces.

Cet exemple de rimes dites *à écho,* des plus démonstratifs, indique à quels usages peuvent servir les vers de quatre pieds et au-dessous. Par leur mélange avec des vers d'une mesure plus allongée, ils peuvent produire les effets les plus inattendus et les plus harmonieux.

Nous avons cité, à plusieurs reprises, les jolis vers de neuf pieds de Jean Richepin, dans lesquels, par des coupes régulières de trois pieds, le poète a certainement cherché à imiter le trot cadencé d'un cheval :

Quarante ans, | à travers | le danger,
Tous les jours, | à cheval, | j'ai couru, etc.

Dans une autre poésie, c'est le galop des chevaux dont le même auteur imite la mesure :

Par les monts et les vallons,
Nous allons
Au galop des étalons.

Or, on voit comment est obtenu le bel effet de ce rythme. C'est par l'intercalation, entre les vers de six pieds, d'un vers de trois pieds, donnant une cadence *courte et impaire*. Si bien qu'au temps de galop *rabattu* de six mesures succède un temps de galop *enlevé* de trois mesures, puis l'on retombe sur un nouveau temps de galop *rabattu* de six mesures.

En scandant ces vers, on sent, on voit l'allure et les mouvements des chevaux.

Chateaubriand a obtenu une fort jolie cadence en mélangeant des vers de *deux* pieds aux vers de *huit* pieds dans cette romance célèbre :

> Combien j'ai douce souvenance
> Du beau pays de ma naissance,
> Mon Dieu ! Qu'ils étaient beaux ces jours
> De France.
> Mon pays sera mes amours
> Toujours !

Victor Hugo fait alterner des vers de *trois* pieds avec des alexandrins, et cela donne aussi une cadence très agréable :

> La pauvre fleur disait au papillon céleste :
> Ne fuis pas !
> Vois comme nos destins sont différents ; je reste.
> Tu t'en vas !

Rien n'empêche de répéter toutes les alternances dont nous venons de donner des exemples en employant de la même manière des vers de quatre pieds, comme dans les strophes de Victor Hugo :

> Castilbelza, l'homme à la carabine,
> Chantait ainsi :
> Quelqu'un a-t-il connu dona Sabine?
> Quelqu'un d'ici?

Le mélange des mesures. — L'ensemble de ce chapitre tend à démontrer que le mélange des mesures est un des moyens les plus employés par les poètes pour obtenir des cadences à la fois métriques, harmonieuses et élégantes.

Puis, nous avons vu que les vers de *un* à *quatre* pieds s'intercalent, de la manière la plus harmonique, souvent même avec une cadence d'une esthétique raffinée, parmi toutes les autres mesures de vers à longue période.

Les poètes lyriques obtiennent, par le mélange des différents rythmes, des compositions dont le charme est d'un effet saisissant.

Victor Hugo, notamment, a su tirer un grand parti de ces fusions de cadence. Il emploie souvent ce rythme, intercalant des vers de six pieds parmi des vers de douze pieds :

Préservez-moi, Seigneur ! Préservez ceux que j'aime :
Frères, parents, amis, et mes ennemis même,
    Dans le mal triomphants,
De voir jamais, Seigneur, l'été sans fleurs vermeilles,
La cage sans oiseaux, la ruche sans abeilles,
    La maison sans enfants !

En principe, il n'y a pas de mesures que l'on ne puisse mélanger à d'autres mesures, quel que soit, d'ailleurs, l'ordre que l'on adopte pour cela, pourvu que l'œuvre obtenue soit cadencée, harmonieuse, satisfaisante pour l'oreille.

La strophe.

La strophe est un groupe de vers, assemblés suivant un rythme déterminé et formant un sens complet.

Ce groupe de vers est suivi d'un autre qui en répète exactement le dessin rythmique.

Quelquefois, la seconde strophe est sur un autre rythme, et alors c'est la troisième qui reproduit la modalité de la première, la quatrième celle de la seconde, et ainsi de suite.

Les strophes peuvent même être séparées

l'une de l'autre par une suite de vers à rimes plates ou croisées.

La strophe ajoute à la cadence des vers, pris isolément ou deux à deux, une cadence nouvelle, prolongée, périodique.

Elle est surtout employée dans la poésie lyrique ; mais les autres genres de poésie peuvent en faire usage. C'est ainsi que la *Divine Comédie* de Dante est en tercets, les deux premiers vers rimant ensemble et le troisième rimant avec le dernier de la strophe suivante : c'est ce que les Italiens appellent la *terza rima*.

La *strophe* s'appelle souvent aussi *stance* (de l'italien *stanza* — repos).

Dans la *romance* ou la *chanson* elle prend le nom de *couplet*. Dans ces poésies, la strophe qui se répète après chaque couplet porte, comme on sait, le nom de *refrain*.

La strophe peut se faire avec des vers de toute mesure, et aucune règle ne fixe le nombre des vers dont on peut composer une strophe.

Les plus fréquemment employés ont quatre, six, huit ou dix vers. Elle ne peut guère dépasser douze vers. C'est l'oreille qui est le seul juge de la cadence. En s'en rapportant à l'oreille, on se rend compte qu'elle ne pourrait attendre trop longtemps la chute de la période ryth- mique que la strophe tient suspendue.

Les combinaisons qui peuvent servir à la construction d'une strophe sont naturellement très nombreuses, et il n'est pas possible de les énumérer. Indiquons seulement, parmi les plus connues, celles-ci :

Trois vers de douze pieds et un de huit.

Trois vers de douze pieds et un de six.

Un vers de douze pieds, un de six, un de douze, un de six.

Un vers de douze pieds, un de huit, un de douze, un de huit.

Cette dernière strophe est celle que l'on appelle *iambique*, parce qu'elle se rapproche de l'iambe latin. C'est celle qu'a employée Auguste Barbier dans ses *Iambes* :

O Corse à cheveux plats, que la France était belle
    Au grand soleil de messidor !
C'était une cavale indomptée et rebelle,
    Sans frein d'acier ni rênes d'or...

Beaucoup de strophes sont simplement composées de quatre vers de longueur égale, plus ou moins grande, et sur rimes croisées ou mêlées.

Voici, à travers les âges de la poésie française, des exemples de différents rythmes de strophes.

Bel aubespin verdissant,
    Fleurissant,
Le long de ce beau rivage,
Tu es vestu jusqu'au bas
    Des longs bras
D'une lambrunche (1) sauvage.

Deux camps drillants (2) de fourmis
    Se sont mis
En garnison sous ta souche,
Et dans ton tronc mi-mangé
    Arrangé
Les avettes ont leur couche.

    (RONSARD *L'aubépine*.)

Que direz-vous, races futures,
Si quelquefois un vrai discours
Vous raconte les aventures
De nos abominables jours ?
Lirez-vous sans rougir de honte
Que notre impiété surmonte

---

(1) Vigne.
(2) Remuants,

Les faits les plus audacieux
Et les plus dignes du tonnerre
Qui firent jamais à la terre
Sentir la colère des cieux?

(MALHERBE.)

Soleil qui fais le jour, lune qui perces l'ombre,
Bénissez le Seigneur.
Etoiles, dont mortel n'a jamais su le nombre,
Exaltez sa grandeur.

(P. CORNEILLE,
Cantique des Trois Enfants.)

O mon Dieu, si ton bon plaisir
S'accorde à ce que je souhaite,
Donne-m'en le succès conforme à mon désir :
Sinon, ta volonté soit faite !

Si ta gloire peut s'exalter
Par l'effet que j'ose prétendre,
Permets qu'en ton saint nom je puisse exécuter
Ce que tu me vois entreprendre...

(P. CORNEILLE,
Imitation de Jésus-Christ).

Tandis que le sommeil, réparant la nature,
Tient enchaînés le sommeil et le bruit,
Nous rompons ses liens, ô clarté toujours pure,
Pour te louer dans la profonde nuit.

Que dès notre réveil notre voix te bénisse, —
Qu'à te chercher notre cœur empressé
T'offre ses premiers vœux ; et que par toi finisse
Le jour par toi saintement commencé.

(J. RACINE
A Matines, Somno refectis artubus.)

Souvent sur la montagne, à l'ombre d'un vieux chêne,
Au coucher du soleil, tristement je m'assieds ;
Je promène au hasard mes regards sur la plaine
Dont le tableau changeant se déroule à mes pieds.

Ici, gronde le fleuve aux vagues écumantes,
Il serpente et s'enfonce en un lointain obscur ;
Là, le lac immobile étend ses eaux dormantes
Où l'étoile du soir se lève dans l'azur.

(LAMARTINE, *l'Isolement.*)

Placez à mon côté ma plume,
Sur mon cœur, le Christ, mon orgueil,
Sous mes pieds mettez ce volume,
Et clouez en paix le cercueil.

Après la dernière prière,
Sur ma fosse, plantez la croix ;
Et si l'on me donne une pierre,
Gravez dessus : « J'ai cru, je vois. »

Dites entre vous : « Il sommeille,
Son dur labeur est achevé. »
Ou plutôt dites : « Il s'éveille,
Il voit ce qu'il a tant rêvé. »

J'espère en Jésus. Sur la terre
Je n'ai pas rougi de sa loi ;
Au dernier jour, devant son Père,
Il ne rougira pas de moi.

(Louis Veuillot : Epitaphe.)

L'habitude est une étrangère
Qui supplante en nous la raison :
C'est une ancienne ménagère
Qui s'installe dans la maison.

Elle est discrète, elle est fidèle,
Familière avec tous les coins ;
On ne s'occupe jamais d'elle,
Car elle a d'invisibles soins...

(Sully-Prudhomme, L'habitude.)

On le voit — et l'on pourrait multiplier les exemples, — la strophe admet les vers courts ou longs, égaux ou inégaux, les combinaisons de cadence les plus variées.

Encore une fois, c'est l'oreille, une oreille musicienne, qui doit guider : les vers sont faits, non pour être lus des yeux, mais pour être dits à haute voix.

CHAPITRE IX

La versification et la poésie.

Jusqu'a présent, nous ne nous sommes occupés que du *mécanisme* de la versification, c'est-à-dire de l'exposé des règles qui gouvernent la facture du vers, et auxquelles celui-ci doit se conformer pour être correct.

C'est ce que l'on pourrait appeler la *Grammaire du Vers*.

Par l'application minutieuse de ces principes, on peut parvenir à composer des vers irréprochables, tant au point de vue de la mesure que de la rime, de la cadence, de l'harmonie et même de la sonorité, puisque nous avons résumé toute l'essence de la versification en cet axiome : *charmer l'oreille!*

De même, celui qui possède à fond les préceptes de la grammaire française et qui les applique scrupuleusement pourra écrire des phrases d'une correction absolue au point de vue de l'accord des mots, du temps des verbes, des exigences de la syntaxe.

Mais ni le versificateur ni le grammairien ne pourront se flatter d'être, *par cela seul*, parvenus à produire, celui-là de la *poésie*, celui-ci du style littéraire.

On peut répéter, au sujet des règles de la versification, comme de celles de la grammaire, ce que le savant anglais Thomas-Henry Huxley disait très ingénieusement des mathématiques :

« Les mathématiques sont comparables à un

moulin d'un travail admirable, capable de moudre à tous les degrés de finesse ; mais ce qu'on en tire dépend de ce qu'on y a mis, et comme le plus parfait moulin du monde ne peut donner de la farine de froment si l'on n'y met que des cosses de pois, de même des pages de formules ne tireront pas un résultat certain d'une donnée incertaine. »

En poésie, et dans tous les genres de littérature, c'est la même chose.

La versification donne des règles pour agencer les mots de façon à produire, par la diversité de leurs groupements, des effets de rythme, de cadence, d'harmonie, agréables à l'oreille, mais c'est tout ! Ces mots eux-mêmes, c'est-à-dire les idées à exprimer et la façon de les exprimer, représentent, suivant le joli mot d'Huxley, le pur froment ou les cosses de pois que chacun, selon ses moyens, ou quelquefois d'après ses dispositions du moment, apporte au « moulin » de la versification.

La valeur des vers qui sortiront de ce « moulin » dépendra absolument de ce qu'on y aura mis.

Ils pourront être très corrects et même harmonieux, mais ils ne renfermeront des idées que si l'on y a mis des idées, et ils ne seront poétiques que si on y a mis de la poésie.

Nous insistons sur ce point, parce que l'on est généralement trop porté à se figurer que cette mesure que donne la versification, et qui n'est qu'une *pure forme,* possède par elle même, et par une sorte de vertu propre, le pouvoir véritablement merveilleux de transformer en *poésie* tout ce qu'elle revêt de son rythme et de sa cadence. Si bien que l'on donne indifféremment ce nom de poésie à tout ce qui est *rimé.*

Mais les vers de mirlitons sont rimés ! Qui prétendra que c'est de la poésie ?

Non, la versification n'est pas cette puissante fée que l'on imagine. Mais elle peut devenir une « robe de fée ».

En effet, la forme métrique des vers, c'est tout simplement l'un des vêtements — un vêtement de gala, si l'on veut — dont l'esprit humain pare sa pensée.

La prose ordinaire, celle de la conversation, par exemple, c'est l'habit de tous les jours.

Lorsqu'on écrit, même familièrement, la pensée fait déjà « un brin de toilette » ; un coup de brosse par-ci, un pli refait par-là, une épingle à droite, une autre à gauche ; au besoin, un petit bout de ruban, discret mais coquet.

L'éloquence, la littérature, donnent à la pensée un habit de cérémonie. Enfin, la poésie l'habille *en grande toilette*.

Tout dépend de la façon dont la pensée saura porter ces divers costumes.

Si elle est élégante, même avec des atours simples, elle fera bonne figure. Si elle est vulgaire, ce ne sont pas les dentelles et les falbalas de la rime qui parviendront à lui donner de la distinction.

Le rustaud ne s'aristocratise pas sous les parements dorés du marquis. Gothon reste Gothon sous le manteau de reine. L'habit ne fait pas le moine. Le vers ne fait pas la poésie.

Le vers n'est qu'une forme vide que la pensée du poète doit remplir. C'est un corps sans âme, un brillant mannequin dont l'inspiration doit tirer les ficelles.

Toute une école s'était fondée — *l'école déca-dente* — pour affirmer le contraire.

Ses adeptes prétendaient que la sonorité des mots peut exercer un charme rythmique indépendamment du sens qu'ils peuvent avoir, et que l'on doit appeler *poésie* tous les accords de syllabes qui caressent l'oreille comme une musique, même si les vers ne signifient absolument rien ou signifient peu de chose.

Ils appelaient cela le « symbolisme instrumental », c'est-à-dire le symbolisme de l'*instrument* du vers, instrument qui est le son, le mot, le « verbe », et qui, disaient-ils, possède par lui-même — en dehors des vulgaires significations qui traînent dans tous les vocabulaires — un sens élevé que l'oreille interprète et que l'âme comprend.

Le plus célèbre poète de cette école fut Stéphane Mallarmé. Voici comment, dans les *Types de Paris,* il a dessiné la silhouette du *savetier.* Chacun pourra s'ingénier à trouver dans ces vers « le sens élevé que l'oreille interprète et que l'âme comprend ».

> Hors de la poix rien à faire,
> Le lis naît blanc, *comme odeur*
> Simplement je le préfère
> A ce bon *racommodeur.*
>
> Il va de cuir à ma paire
> A joindre plus que je n'eus
> Jamais, cela désespère
> Un besoin de talons nus.
>
> Son marteau qui ne dévie
> Fixe de clous gouailleurs
> Sur la semelle l'envie
> Toujours conduisant ailleurs,
>
> Il recréerait nos souliers,
> O pieds, si vous le vouliez.

Ces vers sont évidemment *fabriqués* avec une incohérence *voulue.*

L'auteur avait pour but d'étonner, non de charmer. Il y a réussi à souhait, mais l'école décadente s'est effondrée dans le ridicule et dans l'oubli.

Il n'est pas vrai que le vers puisse prétendre au nom de *poésie* s'il est quelconque, s'il est vulgaire, et surtout s'il n'a, pour se sauver de la vulgarité, que le mauvais prétexte de l'obscurité et du fantasque.

Ces strophes sonores, que vous attifez d'oripeaux et de paillettes, ce sont des pitres et des paillasses qui paradent inutilement sur leurs tréteaux. Un instant, le vacarme et les grimaces attirent l'attention de la foule curieuse, puis elle se détourne et revient au bon goût, comme l'eau suit sa pente.

La poésie est moins dans la forme que l'on donne aux idées que dans les idées elles-mêmes.

Des idées prosaïques resteront prosaïques, même en vers.

Au contraire, que d'ouvrages en prose où la poésie déborde, parce qu'elle emplit la pensée de leurs auteurs.

Le *Télémaque* de Fénelon est un véritable poème en prose. La plupart des écrits de Chateaubriand sont empreints de souffle poétique.

Qu'est-ce donc que la poésie? Qu'est-ce qui est *poétique*?

Nous voici ramenés, par un lien logique inéluctable, à ce que nous écrivions au début de ce volume.

La *poésie*, c'est ce mouvement de l'âme qui, pour trouver une expression adéquate à sa nature, a amené l'homme à créer le vers.

La *poésie*, c'est cette émotion puissante que provoquent la joie, la douleur, le désir, la crainte, l'admiration, l'adoration, — comme aussi les mauvais sentiments de l'orgueil, de la haine et de la colère — et qui s'épanche en périodes scandées, rythmées, mesurées, soit en prose, soit en vers.

Ce qui est *poétique*, c'est tout ce qui est inspiré par cette émotion, tout ce qui vibre de son souffle, tout ce qui vit de sa vie.

Il y a des *situations poétiques,* parce qu'elles sont poignantes.

Il y a des mots, de simples mots, qui sont *poétiques,* parce qu'ils soulèvent un monde d'émotions.

Le *poète*... c'est celui qui a le don d'éprouver ces sensations fortes qui agrandissent ou qui embellissent toutes choses. Il voit tout à travers un verre grossissant ou à travers un prisme, et ces impressions donnent à ses accents une *vigueur* ou une *douceur* qui émeuvent.

De cette définition de la poésie découlent immédiatement plusieurs conséquences sur lesquelles il importe d'attirer l'attention.

La plus importante, c'est que l'esprit poétique dépend de l'individualité de chacun de nous, et qu'il est essentiellement variable. Voilà pourquoi il y a des poètes de toute envergure, depuis ceux qui atteignent les sommets du sublime, jusqu'à ceux dont les émotions douces coulent, comme d'une source, en vers calmes et charmeurs. Voilà pourquoi, aussi, un poète n'est pas toujours égal à lui-même, ou, comme on dit vulgairement, n'est pas continuellement aussi bien *inspiré.*

On abuse beaucoup de ce mot *inspiration.* On s'en sert à tort et à travers. Il n'y a pas *inspiration;* il y a émotion, sensation plus ou moins vive, pas autre chose. Le poète *inspiré,* c'est le poète *ému.* Lorsqu'il dit : « Ce sujet ne m'inspire pas ! » cela veut dire, tout simplement, que ce sujet ne l'émeut pas, ne lui donne aucune sensation susceptible de provoquer en lui le *mouvement poétique.*

Pectus est qui disertos facit ! « C'est l'émotion qui fait l'éloquence ! » disaient avec raison les rhéteurs. On peut dire de même : « C'est l'émotion qui fait la poésie ! »

Les Muses — il y en a plus de neuf, — ce sont les sentiments, doux ou violents : l'affection, la foi, le patriotisme, l'amour du beau, de la nature, de la vertu, le chagrin, etc., ou aussi (car il y a de mauvaises Muses) les passions qui ravagent l'esprit et déchirent le cœur.

Invoquer les Muses — même au figuré — est une duperie. On aura beau se battre les flancs pour faire des vers poétiques, on n'y parviendra pas, si l'on n'y est pas entraîné par un mouvement spontané de l'âme.

Les poésies vraiment dignes de ce nom ne se font pas sur commande. Elles jaillissent du fond même de notre nature lorsque nous sommes sous l'influence des causes qui déterminent en nous le mouvement poétique.

Ces causes, nous le répétons, sont toutes celles qui peuvent nous émouvoir, suivant notre tempérament, notre éducation, les mille ressorts qui constituent l'individualité de chacun de nous.

Voilà pourquoi les genres poétiques sont si différents. Il y a des chefs-d'œuvre dans tous les genres, mais ils ne sont pas comparables entre eux parce qu'ils ne proviennent pas du même *mouvement poétique*.

Une autre conséquence se dégage de ces réflexions : c'est que l'on ne peut être poète à volonté, parce qu'il est impossible de commander à ce qui fait le ressort même de la poésie, c'est-à-dire aux mouvements de notre âme. On peut leur résister au point de vue moral, mais il ne dépend de nous ni de les provoquer ni de les empêcher de se produire.

Tout le monde est un peu poète, parce que tout le monde est plus ou moins sensible aux impressions qui, par leur intensité, font naître l'esprit poétique. En conséquence, tout le monde est plus ou moins apte à *apprécier* la poésie. Mais il n'en résulte pas que l'on soit également apte à la produire.

Il y a un abîme entre le sentiment esthétique qui nous fait trouver un charme aux beaux vers, et la sensation intense qui a permis au poète d'écrire ces vers.

On peut même affirmer que les fortes sensations qui font le vrai poète sont le partage d'un nombre extrêmement restreint d'individualités.

Il est facile de compter les *grands poètes* qu'a vus naître l'humanité ; vingt ou vingt-cinq peut-être.

Autour de ces astres de première grandeur gravitent quelques milliers de satellites secondaires, mais qu'est-ce que quelques milliers de *bons* poètes vis-à-vis de la masse des générations humaines anonymes ensevelies dans le passé ?

Ces réflexions ne sont pas inutiles pour couper court aux illusions que nourrissent parfois quelques-unes des personnes qui s'adonnent à la versification.

Elles peuvent faire des vers corrects. Elles peuvent même composer ce que l'on appelle de *jolis vers*, c'est-à-dire des poésies renfermant des idées ingénieuses exprimées d'une manière élégante. Mais de ces versificateurs habiles faisant d'heureuses trouvailles de pensées et de mots, il y en a des millions et ils ne peuvent prétendre au titre de *poètes*.

Leurs productions amusent l'esprit, excitent un sourire favorable, plaisent en un mot, comme plaît toute œuvre littéraire bien faite. Mais de là à nous émouvoir, quelle distance à parcourir !

Cette distance, le poète — le vrai poète — la franchit d'un bond. Il s'empare de notre esprit, de notre cœur, et notre esprit s'illumine, et notre cœur palpite;

Il semble que ces vers dégagent un fluide magnétique qui échauffe le sang, qui le fait circuler plus rapidement dans nos veines, et qui tend toutes les fibres de notre sensibilité.

Et tout notre être vibre comme a vibré l'âme du poète, et, suivant qu'il a chanté la joie ou la douleur, nous rions ou nous pleurons.

Quelquefois, on rit et l'on pleure en même temps !

Cette puissance sur la sensibilité humaine, le poète l'a puisée dans son émotion propre. « *Nemo dat quod non habet !* Personne ne donne ce qu'il n'a pas ! » disaient les admirables logiciens de la philosophie scolastique.

Le poète n'émeut que s'il a été ému lui-même avec assez de puissance pour que son émotion passât dans ses vers.

Car tel est le caractère de l'*émotion poétique*. Il faut que l'expression soit adéquate au sentiment éprouvé ; il faut qu'elle soit elle-même pour ainsi dire *émue*.

C'est ce qui a fait adopter, pour la poésie, une expression rythmée et cadencée, parce que — nous l'avons vu au début de ce livre — c'est la forme sous laquelle se manifestent habituellement les émotions humaines.

Or, le vrai poète n'a pas seulement le don de *sentir fortement ;* il a aussi le don d'*exprimer fortement* ce qu'il sent. Ces deux facultés sont corrélatives.

Il est certain que la vivacité des sensations éveille dans l'imagination des formes plus colorées, suscite dans l'esprit des mots plus expressifs.

Le sage Boileau a dit, avec un sens profond :

> Ce que l'on conçoit bien s'énonce clairement,
> Et les mots, pour le dire, arrivent aisément.

Ce qui fait trouver au poète les mots qui conviennent le mieux à l'expression de sa pensée, ce n'est pas seulement la vision claire de ce qu'il veut dire, c'est aussi et surtout l'intensité de son émotion, de sa sensation.

Ce n'est pas toujours (contrairement à ce que dit Boileau, qui avait surtout en vue les vers classiques) l'expression la plus *claire* qu'emploie le poète lyrique, c'est la plus saisissante, la plus frappante, celle qui allumera dans l'esprit une flamme plus vive et dans le cœur une émotion plus forte.

Cette expression, il la choisit parce qu'il est lui-même sous le coup d'une émotion, et c'est justement cette émotion vive qui excite sa sensibilité et qui la lui fait trouver.

Le mot propre procède directement, spontanément, du mouvement poétique.

A ce propos, il importe de bien préciser dans quelles limites la vraie poésie elle-même peut se mouvoir sans s'exposer à devenir une arme à deux tranchants, aussi féconde pour le mal que pour le bien, et plus destructive du bon goût que favorable au progrès des sentiments esthétiques.

L'âme humaine est ouverte à toutes les impressions. Mais, de ce fait naturel, il ne s'ensuit pas qu'elle doive les accueillir toutes.

Toutes les Muses ne sont pas de bonnes conseillères, et il en est, au contraire, auxquelles le poète doit soigneusement fermer son oreille.

Le rôle du poète n'est pas de jeter, indifféremment, aux quatre vents du ciel, tous les accents qui vibrent en lui, sans s'inquiéter de la pureté de la source d'où ils procèdent.

Le domaine de la poésie n'est pas illimité. Par cela même qu'elle est puissante sur nos esprits et sur nos cœurs, elle ne doit pas abuser de sa magie pour verser en nous des philtres empoisonnés.

La poésie, parmi les vibrations de toute nature qui lui viennent de l'univers et de l'âme humaine, doit faire une sélection. Elle doit s'abstenir de transformer le séjour des Muses en antre des Furies.

Le poète doit se faire une très haute idée de sa mission en ce monde. Le don qu'il a reçu, il n'a pas le droit de l'employer à déchaîner dans les âmes de ses semblables les émotions mauvaises qu'il peut être exposé à éprouver. Il doit se considérer, de par le prestige de ses vers, comme chargé par la Providence de propager la vérité, de chanter le beau, de distribuer partout la consolation, l'apaisement et la joie.

C'est pour avoir méconnu cette mission que des poètes, même parmi les plus grands, se sont faits les chantres des mauvaises passions, les apôtres du mensonge et de la haine.

Victor Hugo, aveuglé par un orgueil sans bornes, conscient de la puissance de son génie poétique, s'est considéré, par ce fait même, comme affranchi de toute tutelle, de toute lisière, de tout devoir.

Le poète, à ses yeux, doit dire à l'univers tout ce qu'il éprouve, sans chercher à faire le partage des impressions heureuses ou des impressions funestes. Tout doit vibrer à l'unisson du poète, et rien au monde ne doit entraver le retentissement de ce double écho de l'univers dans Victor Hugo, et de Victor Hugo dans l'humanité !

De là cette révolte, cette haine contre toutes les règles : les règles de la versification, de la grammaire, aussi bien que celles de la bienséance. Le poète peut dire tout ce qui lui plaît, et de la façon qui lui plaît.

J'appelai le cochon par son nom ! Pourquoi pas ?

Pourquoi pas, poète ?

Parce que tu n'es pas seulement un miroir dont la fonction est de refléter indifféremment toutes les images qui passent devant sa sur-face !... Parce que ton génie ne t'a pas été donné pour être un simple instrument de transmission puissante de tous les rêves qui éclosent et de tous les orages qui grondent en toi !... Parce que, plus tous les hommes, tes frères, sont attentifs aux charmes de tes vers, plus tu dois en profiter pour élever leurs âmes vers les hautes régions du vrai, du beau et du bien, au lieu de te complaire à leur souffler le mensonge, le vice, et à te faire *le chantre de la laideur physique et morale !*

Ces développements étaient indispensables pour mettre en pleine lumière la différence capi-tale qui existe entre la versification et la poésie.

La versification n'est que le corps du vers : la poésie en est l'âme. La versification lui donne le rythme, la rime, la cadence ; la poésie enferme, dans cette forme mesurée, l'harmonie et la vie des idées et des mots.

Les idées et les mots qui les expriment ne sont donc pas rendus poétiques par la versifi-cation, s'ils ne le sont déjà par eux-mêmes.

Or, ils ne sont poétiques que s'ils sont le résultat d'une émotion ressentie par le poète.

Il y a, dans la poésie, comme dans les émo-tions, tous les degrés et tous les genres.

Mais tous les genres ne sont pas bons.

La poésie vraiment digne de ce nom n'obéit qu'aux saines émotions qui élèvent l'esprit et le cœur, et qui rendent l'homme meilleur. Elle évite de se faire l'écho des mauvaises passions et de prêter son charme à l'expression des mensonges, des pensées malsaines et haineuses, des sentiments que réprouvent la religion et la morale.

CHAPITRE X

Les différents genres de poésies.

Grands *poèmes*. — A proprement parler, la mise en œuvre, le résultat de l'inspiration et du travail de versification du poète, c'est le *poème*, et ce nom, au point de vue étymologique, s'applique à toute espèce de poésie.

Mais l'usage réserve plus spécialement la dénomination de *poème* aux œuvres poétiques de longue haleine, tandis que l'appellation, également générale, de *poésie*, s'applique surtout aux productions de moindre importance.

Poème ou *poésie*, la longueur de l'œuvre ne préjuge rien quant à sa valeur esthétique, et Boileau n'a pas manqué de le déclarer nettement lorsqu'il a dit :

> Un sonnet sans défaut vaut seul un long poème.

On se méprend généralement sur le sens véritable de ce vers de Boileau. L'auteur n'a pas voulu dire qu'un sonnet fût plus difficile à faire qu'un poème épique ; mais bien au contraire, qu'il était plus aisé de faire un sonnet réussi qu'un long poème irréprochable.

Et cela se comprend. Lorsque Virgile a dit qu'il était plus facile d'enlever à Hercule sa massue qu'un seul vers à Homère, il était sous l'impression d'une admiration légitime pour le poète qui fut son modèle, mais, par cela même, son affirmation est fortement teintée d'exagération.

Horace, qui n'admirait pas moins le poète grec, admet cependant que

Quandoque bonus dormitat Homerus.
« Ce bon Homère sommeille quelquefois »,

c'est-à-dire n'a pas toujours (sinon la même verve), du moins la même pureté de vers. La sagesse des nations traduit cette juste pensée par ce proverbe : « Il n'est si bon cheval qui ne bronche. »

Et comment pourrait-il en être autrement dans un poème qui, comme l'*Iliade*, a de 12 000 à 15 000 vers ? Comment admettre que l'enthousiasme poétique s'est soutenu sans relâche pendant ces 15 000 vers sans que son expression fléchît jamais, et qu'aucun d'eux soit inférieur aux autres ?

Et nous ne faisons pas entrer en ligne de compte l'opinion controversée qui considère le nom d'Homère comme la désignation collective d'une pléiade de rhapsodes.

Quinze mille vers !... Cela paraît énorme, lorsque l'on considère les poèmes de quelques milliers de vers des auteurs modernes.

Mais que dire alors des poèmes indous, comme le *Ramayana* du poète Valmiki, qui compte 50 000 vers, et surtout comme le *Mahabharata*, composé de 250 000 vers de 16 syllabes ?

Il est aisé d'imaginer

Qu'un sonnet sans défaut vaut seul ce long poème,

ne serait-ce que parce qu'il est plus court et plus facile à lire.

Le *poème* est la forme de poésie qui convient aux grandes épopées.

Ainsi, le *Mahabharata* est le récit des guerres interminables que les Indous eurent à soutenir contre les races inférieures qui habitaient l'Inde avant eux, environ quinze siècles avant Jésus-Christ.

Le *Ramayana*, c'est le déroulement des exploits du héros indou Rama, qui vécut entre 1 200 et 940 avant Jésus-Christ.

L'*Iliade*, c'est le siège et la prise de Troie (*Ilion*) par les Grecs.

L'*Odyssée*, ce sont les aventures qui assaillirent Ulysse (*Odusseus*) et les autres héros grecs lorsqu'ils quittèrent Troie détruite, pour rentrer dans leur patrie.

L'*Enéide* de Virgile, ce sont les aventures d'un de ces héros, Enée, depuis le moment où il quitte Troie, jusqu'à celui où il arrive sur les bords du Tibre, à l'endroit où doit naître Rome.

La *Jérusalem délivrée*, du Tasse, ce sont les exploits de Godefroy de Bouillon et des Croisés, en Palestine.

Le *Paradis perdu*, de Milton, c'est l'épopée primitive de l'humanité : la création, le paradis, la chute.

Toutes ces œuvres, et d'autres analogues, sont imprégnées de ce *souffle poétique* dont nous parlions dans le précédent chapitre. Même lorsque le vers, enveloppe rétive, ne se prête pas à l'ampleur de la pensée, celle-ci déborde, éclate, emplit tout l'ouvrage jusque dans les moindres détails.

Voilà pourquoi les plus longs poèmes peuvent être des chefs-d'œuvre, en dépit de l'accumulation de vers qui les expose à broncher au point de vue de la versification.

Ce qui sauve du néant et de l'oubli ces masses énormes de vers, c'est la flamme poétique qui palpite sous leurs cadences revêtant des pensées universelles.

Trois mille ans ont passé sur la cendre d'Homère
Et, depuis trois mille ans, Homère respecté,
Est jeune encor de gloire et d'immortalité !

J. CHÉNIER.

Mais il y a une contre-partie à cette prestigieuse jeunesse des beaux poèmes.

Lorsque les vers, fussent-ils corrects au point de vue de la versification, n'ont pas cette âme poétique qui les fait vivre et assure leur durée, ils s'effondrent irrémédiablement dans l'oubli.

Que d'œuvres, dont les interminables légions de vers sont, au point de vue poétique, comme autant de cadavres que rien ne viendra plus galvaniser jamais. Ils sont devenus de simples documents historiques, comme les momies.

Telles les *Argonautiques*, d'Appollonius de Rhodes, disant cette merveilleuse épopée de la conquête de la Toison d'Or, idée amplifiée sans plus de succès par Valerius Flaccus.

En aurait-il été de même si Homère avait traité ce sujet si poétique ?

Telle est, dans notre littérature, la *Henriade* de Voltaire, élevée, par les thuriféraires de ce versificateur, au rang de poésie épique nationale, et où de rares vers inspirés surnagent difficilement dans un océan de vers asthmatiques.

Rari nantes in gurgite vasto.

Le *Télémaque* de Fénelon est un poème en prose de beaucoup supérieur à la *Henriade*.

La leçon qui se dégage de ces considérations, c'est qu'un poème n'est pas une œuvre facilement abordable, même pour ceux qui ont reçu le don de l'esprit poétique.

Il faut un souffle d'une puissance exceptionnelle pour entreprendre de « chanter des combats » ou toute autre « grande chose » en des milliers de vers.

Victor Hugo lui-même a beau dire :

> J'embouche, sur la montagne,
> La trompette aux grands éclats,

De cette trompette, il est, certes, sorti des choses *épiques!*... Cependant, on ne lui doit pas un grand poème comparable à la *Divine Comédie* de Dante.

On voit en vertu de quels principes il faut *juger* de la valeur des poèmes... et s'abstenir d'en composer !

Petits poèmes. — Les grands poèmes une fois écartés comme occupant une place à part sur les hauteurs les plus inaccessibles du Parnasse, il nous reste un domaine très vaste encore, celui des *petits poèmes* ou *poésies* ordinaires, plutôt de courte haleine, bien qu'aucune limite précise n'existe — *sauf exceptions que nous signalerons* — quant au nombre de vers dont on peut les composer.

Les genres en sont extrêmement variés. Ils se prêtent, par conséquent, à l'expression de toutes les idées, de toutes les émotions, sous une foule de formes (dont nous avons déjà donné une idée dans le chapitre VIII en parlant des différentes mesures de vers français et de leur extraordinaire fécondité d'allures par le mélange et l'entre-croisement.)

Par cela même que tous ces genres sont très divers, il est difficile d'en faire une classification absolument arrêtée.

On peut, néanmoins, les grouper en catégories, par la considération de leurs caractères d'ensemble.

Les *poésies lyriques* portent ce nom parce que les anciens poètes les chantaient en s'accompagnant de la lyre. Telles sont l'*ode*, l'*élégie*, et tout ce qui se chante : *Hymnes* et *cantiques, chansons et romances*.

Néanmoins, le mot *lyrique* a pris une signification *adventive* qui s'écarte sensiblement de celle qu'il avait à l'origine. Comme les odes, notamment, traitent surtout des sujets grandioses, majestueux, et comportent un vif enthousiasme s'exprimant en phrases sonores, éclatantes, on a donné, d'une manière générale, le nom de *lyrisme* à ce mode poétique, qui dépend beaucoup moins de la *forme* que de l'inspiration.

C'est ainsi qu'il peut y avoir du *lyrisme* dans des poésies n'appartenant pas au genre *lyrique*, et, par contre, des poésies dites *lyriques* manquant complètement de lyrisme, comme certaines chansons.

Les *poésies légères* sont, *par leur mode d'inspiration*, tout le contraire des poésies lyriques. Comme leur nom l'indique, elles traitent leur sujet d'une manière simple, aimable, gracieuse, qui n'exclut pas le souffle poétique, mais qui n'a pas l'ampleur du lyrisme.

On peut ranger dans cette catégorie tous ces petits poèmes qui plaisaient tant aux auteurs classiques : *épîtres, satires, épigrammes, ballades, sonnets, rondeaux, triolets, quatrains, distiques ;* puis les *fables* et les *contes* en vers ; les *monologues*, les *dialogues*, et l'on voit que, par analogie, on se trouverait entraîné à y faire entrer les *saynètes, comédies, drames* et *tragédies*, si ces dernières, par leurs caractères, ne se rapprochaient plutôt du genre des grands poèmes.

Enfin, pour ne rien omettre, accordons une place aux *amusements poétiques*, c'est-à-dire à toutes les fantaisies en vers, parfois bien tournées, telles qu'*acrostiches, logogriphes, charades*, et généralement à tous les exercices de versification qui sont plutôt du domaine du jeu.

Poésies lyriques.

L'ode. — *Ode,* en grec, veut dire *chant.* C'était en effet, originairement, un chant *lyrique* (c'est-à-dire accompagné de la lyre) en l'honneur de la divinité. Puis, ce fut une poésie *lyrique* (c'est-à-dire pleine de lyrisme), divisée en strophes égales, *comme si elle devait être chantée.*

En Grèce, Pindare; à Rome, Horace, ont été les maîtres du genre.

L'ode moderne est aussi un petit poème divisé en strophes égales entre elles tant par le nombre que par la mesure des vers.

En France, les poètes qui ont cultivé ce genre avec le plus de succès sont, par ordre chronologique : Malherbe, Boileau, J.-B. Rousseau, J. Chénier, Lebrun, Lamartine, Victor Hugo.

Ces vers si connus de Malherbe sont des strophes d'une ode :

La mort a des rigueurs à nulle autre pareilles ;
    On a beau la prier,
La cruelle qu'elle est se bouche les oreilles
    Et nous laisse crier.

Le pauvre, en sa demeure, où le chaume le couvre,
    Est sujet à ses lois,
Et la garde qui veille aux barrières du Louvre
    N'en défend pas les rois.

Ce genre est difficile et exige beaucoup de *souffle* poétique, si on veut le traiter à la manière des odes dites *héroïques,* dont le sujet et le style sont nobles, élevés.

Boileau a dit de l'ode (*Art poétique,* l. II) :

Son style impétueux souvent marche au hasard ;
Chez elle un beau désordre est un effet de l'art.

Mais il existe un genre plus gracieux de petites odes auxquelles on donne le joli nom d'*Odelettes,* comme celles publiées sous ce titre par Théodore de Banville.

Tout le monde ne peut pas faire des odes,
mais on peut faire des odelettes.

L'élégie. — *L'élégie* (du grec *elegos*, plainte)
est un genre de poésie dont le sujet est mélancolique :

> La plaintive élégie, en longs habits de deuil,
> Sait, les cheveux épars, gémir sur un cercueil.

dit Boileau, et il ajoute :

> Il faut que le cœur seul parle dans l'élégie.

C'est là, en effet, le caractère principal de
cette poésie, tandis que, dans l'ode, l'enthousiasme, l'imagination, jouent un plus grand rôle.

L'élégie peut être divisée en stances, à volonté.

C'est un genre très abordable, puisque

> Il faut que le cœur seul parle dans l'élégie.

Et qui n'a pas de-cœur ?

Hymnes et cantiques. — Les hymnes et les
cantiques ne sont pas autre chose que des *odes
sacrées*, que l'on continue à chanter, alors que
l'on déclame seulement, aujourd'hui, l'ode proprement dite.

Elles obéissent donc aux mêmes règles que
l'ode en ce qui concerne leurs divisions en
strophes égales, pouvant toutes se chanter sur
le même air, à moins que l'on ne cherche, au
contraire, une cadence spéciale dans la succession de plusieurs rythmes et de plusieurs airs.

L'*hymne* a un caractère plus grave, un sujet
plus élevé, des vers plus cadencés et plus ciselés.

Le *cantique* s'applique à des sujets pour lesquels l'hymne serait une forme trop grandiose.

Néanmoins, il y a toutes les transitions entre
ces deux genres, et l'on passe de l'un à

l'autre par une série de gradations insensibles.

L'*hymne*, et surtout le *cantique*, sont d'excellents genres pour les essais poétiques, car les sentiments qu'ils expriment sont ceux que l'âme humaine éprouve le plus naturellement, qu'elle comprend le mieux, et qu'elle sait exprimer avec le plus de grandiose simplicité.

L'hymne et le cantique sont en réalité des prières, soit de *louange*, soit *d'actions de grâces*, soit de *demande*, soit de *douleur plaintive*, soit de *repentir*, etc.

Or, la prière est la respiration de l'âme. Elle y pénètre et elle en sort sans effort, par cela même que l'âme vit de la vie religieuse; plus elle est sinsère, plus elle est fervente, plus il est facile de la transformer en cantique et même en hymne !

Chansons et romances. — Aujourd'hui, les chansons et les romanees appartiennent, par leur forme, par leur division en couplets ou en stances, et enfin par leur destination musicale, à la catégorie des *poésies lyriques*.

Il n'en a pas toujours été ainsi. Au moyen âge, les *chansons de geste* et les *romans* ou *romances* étaient de grands poèmes, des poèmes épiques, comme la *Chanson de Roland* et le *Roman de la Rose*.

Le sens du mot *chanson* s'est modifié.

La *romance* emprunte son principal caractère au mouvement de la phrase musicale qui accompagne les paroles, et qui est généralement plus lent que celui de la chanson, plus doux, plus mélancolique. Naturellement, le sujet se ressent de ce rythme : il est également plus grave que celui de la chanson. Enfin, la coupe des vers et les paroles s'harmonisent avec cet ensemble aimable.

La *complainte* est une romance triste.

La *barcarolle* est une romance à sujet *nautique*, à stances courtes et comme bercées par les vagues.

La *chanson* a une allure plus vive, plus dégagée. Elle affectionne les sujets patriotiques, militaires, politiques (et alors elle joue le rôle de satire ou d'épigramme), ou bien les sujets champêtres, bachiques, les joies du foyer, parfois aussi (comme d'ailleurs la romance) des sujets qui ne devraient pas être chantés.

Que de choses cependant peuvent exciter la saine joie humaine et faire chanter nos cœurs et nos lèvres, sans que nous ayons besoin de traîner la poésie dans les orages des passions et dans les fanges du vice !

La romance et la chanson sont moins faciles à réussir qu'on ne l'imagine en voyant l'allure de leurs strophes. Les *bons* chansonniers sont rares ; les auteurs de bonnes et belles romances sont plus rares encore.

Dans la plupart des productions modernes de ce genre, c'est « la sauce qui fait passer le poisson », c'est-à-dire que seule la musique rend les vers supportables. Lorsqu'on veut déclamer ces derniers, au lieu de les chanter, on est stupéfait de leur médiocrité.

Et nous ne parlons pas de ces chansons et romances où l'on trouve des vers avec des élisions et du patois :

> Quand j' quittai not' village
> Avec mes gros sabiots...

Cette décadence de poésies qui sont très répandues et essentiellement *populaires* est profondément regrettable.

Quelques bons poètes essayent de réagir et réussissent, comme Théodore Botrel, mais la plupart de ceux qui pourraient suivre avec succès cet exemple, ou bien abandonnent ce genre qu'ils jugent (à tort, à notre avis) indigne d'eux, ou bien sacrifient aux faux dieux et font… comme tous les autres !… c'est-à-dire font mal et font du mal !

Pour qu'une *romance*, pour qu'une *chanson*, méritent de conserver ce beau nom de *poésies lyriques*, il faut que, sans la musique, leurs vers, par eux seuls, par leur charme propre, séduisent l'âme et l'oreille.

Faites des vers qui, sans être chantés, restent de beaux vers, et, en leur ajoutant l'harmonie des sons, vous réalisez l'alliance de la musique et de la poésie.

Mais il ne faut pas oublier que — *pour tout ce qui doit être chanté* — la cadence de chaque vers doit être rigoureusement la même dans tous les couplets, stances ou strophes.

Poésies légères.

Épîtres, satires, épigrammes. — En ce genre, excellèrent, dans la poésie latine, Horace, Juvénal, Perse, Martial ; dans la poésie française, Clément Marot et Boileau.

Ce genre est devenu vieillot, à tort peut-être. Il est vrai qu'il n'est pas facile, et que, plus nous allons, plus les poètes hésitent devant les difficultés.

C'est une raison de recommander la lecture des épîtres, des satires et des épigrammes de Boileau et de conseiller d'en imiter la forme.

C'est un des meilleurs exercices de versification auxquels on puisse se livrer, et, de plus, par les efforts que l'on fera pour trouver des inspirations dignes d'être mises en vers, on s'initiera, mieux que par tout autre moyen, à l'essence même de la vraie poésie.

Pour ce genre de poésies, toutes les mesures de vers, toutes les formes de cadence peuvent convenir. On choisit celles que l'on juge les plus aptes à rendre la pensée.

Ballades, sonnets, rondeaux. — Nous avons dit que, *sauf exceptions que nous signalerions,* il n'existait aucune règle fixe quant au nombre de vers à donner aux petits comme aux grands poèmes.

Ces exceptions sont la *ballade*, le *sonnet* et le *rondeau.*

Le mot *ballade* vient du vieux verbe français *baller* qui veut dire *danser* (d'où *ballerine,* danseuse), parce que, primitivement, les ballades étaient des chansons destinées à accompagner le rythme de la danse.

C'est même ce qui fait que ces chansons ont revêtu une sorte d'allure chorégraphique les enfermant dans une mesure infranchissable.

La ballade est composée de trois couplets de huit vers et d'un *envoi* de quatre vers, parce qu'il était d'usage d'adresser officiellement ces productions au *Prince du Palinod,* c'est-à-dire au poète que ses confrères avaient choisi comme leur « Prince » dans chaque région, coutume que l'on a essayé de ressusciter de notre temps en nommant un « Prince des Poètes ».

Couplets et envoi doivent se terminer par le même vers.

Tous les couplets doivent avoir les mêmes rimes.

Voici deux couplets et l'envoi d'une ballade de Clément Marot :

> Pour courre en poste par la ville
> Vingt fois, cent fois, ne sais combien ;
> Pour faire quelque chose vile,
> Maître Lubin le fera bien.

Mais d'avoir honnête entretien
Ou mener vie salutaire,
C'est affaire à un bon chrétien :
Maître Lubin ne le peut faire.

Pour mettre, comme un homme habile,
Le bien d'autrui avec le sien,
Et vous laisser sans croix ni pile,
Maître Lubin le fera bien,
On a beau dire : Je le tiens,
Et le presser de satisfaire ;
Jamais ne vous en rendra rien :
Maître Lubin ne le peut faire.

. . . .

ENVOI.

Pour faire plutôt mal que bien,
Maître Lubin le fera bien ;
Mais si c'est quelque bien à faire,
Maître Lubin ne peut le faire.

Telle est la forme que doit affecter la ballade pour être correcte. On peut, d'ailleurs, employer des vers de n'importe quelle mesure,

Il est vrai que Victor Hugo a publié *(Odes et Ballades)*, sous le nom de *ballades*, des poésies qui ne tiennent aucun compte de ces préceptes. Mais tout le monde sait que les règles ne semblaient pas faites pour Victor Hugo.

La ballade classique est difficile à réussir, mais lorsqu'on est parvenu à en mettre une sur pied, c'est une poésie bien élégante.

o
o o

Le *sonnet* doit ce nom à l'assonance répétée de ses rimes.

Il se compose de deux quatrains et de deux tercets (strophes de trois vers).

Les deux quatrains doivent avoir les mêmes rimes.

Les deux tercets peuvent avoir chacun des rimes différentes, pourvu que la troisième du premier tercet rime avec la troisième du second tercet.

Un exemple fera mieux comprendre le mécanisme du sonnet :

> Deux sonnets partagent la ville,
> Deux sonnets partagent la cour.
> Et semblent vouloir à leur tour
> Rallumer la guerre civile.
>
> Le plus sot et le plus habile
> En mettent leur avis au jour,
> Et ce qu'on a pour eux d'amour
> A plus d'un échauffe la bile.
>
> Chacun en parle hautement
> Suivant son petit jugement,
> Et, s'il faut y mêler le nôtre,
>
> L'un est sans doute mieux rêvé,
> Mieux conduit et mieux achevé,
> Mais je voudrais avoir fait l'autre.
>
> (PIERRE CORNEILLE.)

Les deux sonnets étaient l'un de Benserade, l'autre de Voiture, et c'est à Benserade que Corneille donnait sa voix.

⁂

Le *rondeau* est une pièce de *treize* vers n'employant que deux rimes, avec une pause après le cinquième et le huitième vers.

Le *premier mot* ou les *premiers mots* doivent se répéter après le huitième et le dernier vers, *sans faire partie des treize vers*, mais en se rattachant au vers qui précède par un sens non interrompu.

Ici encore, un exemple est indispensable pour faire comprendre le mécanisme du rondeau :

> *Pour réussir* en tout, en poésie,
> En politique, et même dans la vie,
> Point n'est besoin d'être par trop malin ;
> Mais il suffit de suivre son chemin,

D'un cœur léger qui jamais ne dévie.
Tentez cela, s'il vous en prend envie,
Et vous verrez, j'en donne garantie,
Que c'est bien là le biais le plus certain
   Pour réussir.

J'avouerai même, et sans cérémonie,
Qu'en ce moment à ce fil je me fie,
Car un rondeau j'entrepris ce matin,
Et, sans écueil, j'en vois venir la fin.
Donc, ce succès mon moyen justifie
   Pour réussir.

Le *rondeau redoublé* est une pièce de poésie de six quatrains, le sixième en forme d'*envoi* comme dans la ballade. Les quatre vers du premier quatrain sont répétés, *l'un après l'autre,* pour former le dernier vers des quatre quatrains suivants, naturellement avec un sens qui les rattache aux vers qui précèdent.

L'envoi est suivi *du* ou *des* premiers mots du premier vers, comme dans le rondeau.

Le rondeau redoublé ressemble beaucoup aux *pantoums* de la littérature malaise où l'on trouve, de strophe en strophe, le retour d'un ou de plusieurs vers des strophes précédentes, comme dans cette imitation :

Du jour a disparu le reflet d'or ;
Des cieux, des eaux, des bois s'éteint le bruit :
  A l'horizon l'étoile luit ;
  Dans le bosquet l'oiseau s'endort.

Des cieux, des eaux, des bois, s'éteint le bruit :
Le chant du kokila (1) devient plus doux,
  Le brahmane adore à genoux,
  A l'horizon l'étoile luit.

Le chant du kokila n'est pas plus doux.
 . . . .

Et ainsi de suite.

---

(1) C'est le coucou des Indous.

A ce genre, se rattachent les *retours de rimes*.

Leconte de Lisle a réalisé, dans cet ordre d'idées, de véritables tours de force. Il a fait, en n'employant que les quatre rimes *mousse, oranger, douce, léger,* une pièce de six quatrains (vingt-quatre vers), tous aussi réussis que ceux-ci :

L'oiseau, sur le duvet humide et sur la mousse,
Ne chante plus parmi la rose et l'oranger ;
L'eau vive des jardins n'a plus de chanson douce,
L'aube ne dore plus le ciel pur et léger.

Le *triolet* est une petite pièce d'un tour gracieux, qui mérite de ne pas être abandonnée.

Il a huit vers sur deux rimes, le quatrième répétant le premier ; et les deux derniers répétant les deux premiers. Il n'y a donc, en fait, que cinq vers.

On doit le temps ainsi prendre qu'il vient ;
Tout dit que pas ne dure la fortune.
Un temps se part et puis l'autre revient.
On doit le temps ainsi prendre qu'il vient.

Je me conforte en ce qu'il me souvient
Que tous les mois. avant nouvelle lune,
On doit le temps ainsi prendre qu'il vient ;
Tout dit que pas ne dure la fortune.

(FROISSART.)

Quatrains et distiques. — Ce genre est difficile, car il n'est pas aisé de condenser une idée en quatre ou en deux vers.

Lorsqu'on y réussit, ces sortes de poésies revêtent un cachet d'élégance très remarquable.

Les bons quatrains étaient fort estimés au xviiie siècle. Il était d'usage d'en mettre au bas des belles estampes et des portraits des hommes considérables de l'époque. Il y avait parfois, dans ces vers, une exagération de flatterie qui les rendait quelque peu ridicules.

Aussi, pour les tourner en dérision, une célèbre parodie *(le Chef-d'œuvre d'un inconnu)* mettait-elle ce quatrain au-dessous du portrait supposé du docteur Matanasius, personnage non moins apocryphe :

> Lorsqu'il écrit, ce docteur si parfait,
> Quelque grand que soit le volume,
> Les Grâces tiennent le cornet (encrier)
> Et Minerve conduit la plume.

On a fait des petites fables-quatrains qui ne manquent pas de charme.

> La renoncule, un jour, dans un bouquet,
> Avec l'œillet se trouva réunie,
> Elle eut le lendemain le parfum de l'œillet,
> On ne peut que gagner en bonne compagnie.

La composition du distique est plus difficile encore que celle du quatrain. On en trouve de fort bons dans des œuvres de longue haleine, en en détachant deux vers formant un sens complet.

> Tel donne à pleines mains qui n'oblige personne ;
> La façon de donner vaut mieux que ce qu'on donne.
> (PIERRE CORNEILLE, *le Menteur.*)

Mais, lorsqu'on veut écrire un distique de propos délibéré, on risque fort — à moins de multiplier les efforts et les corrections — de faire des vers de mirliton.

Si le distique n'est pas vif, enlevé, bien qu'il ne soit composé que de deux vers, il peut encore être *trop long*.

C'est ce que répondait un poète à un jeune homme qui lui demandait son opinion sur un distique :

— Il y a des longueurs !

— Mon distique, Monsieur, est-il de votre goût ?
— Je ne sais !... Je n'ai pu le lire jusqu'au bout !
> (MOLIÈRE, *le Misanthrope.*)

Fables et contes en vers. — Il n'y a pas à insister sur ce genre de poésies, qui est bien connu de tout le monde.

Ce qui est difficile à trouver dans ces sortes de compositions, c'est un sujet court, intéressant, saisissant, se prêtant à des vers rapides et expressifs. Une fable, un conte qui traînent en longueur perdent, du même coup, tout leur intérêt.

C'est justement pour faciliter la rapidité, la variété du récit, que les fables et les contes empruntent généralement un rythme brisé où toutes les mesures peuvent se succéder suivant les besoins de la composition.

Il n'est pas facile de faire des fables alertes, mais c'est un bon exercice de versification que de le tenter, parce que cela permet d'essayer et de mettre en œuvre toutes les mesures de vers.

Monologues, dialogues, etc. — Les monologues, les dialogues et, en général, toutes les « pièces à dire » sont difficiles à composer et exigent un talent spécial, *le talent scénique.*

Il ne suffit pas que les vers soient corrects, il ne suffit même pas que la poésie soit intéressante *à la lecture,* pour qu'elle puisse convenir à la déclamation.

La récitation à haute voix met en évidence des défauts que laisse dans l'ombre la simple lecture, et, par contre, elle ne fait pas toujours ressortir les beautés et le charme que l'on avait trouvés dans la composition en la lisant à tête reposée.

Toute longueur, toute tournure défectueuse, toute association de mots ou de sons inharmoniques deviennent immédiatement apparentes.

La lassitude s'empare vite d'un auditeur dont l'attention n'est pas constamment soutenue par la rapidité du récit ou la beauté des phrases. Et encore la beauté des phrases ne suffit-elle pas à prévenir l'ennui, si le sujet même n'est pas vivant, pittoresque et varié.

Aussi, lorsque l'on compose des « pièces à dire », faut-il ne jamais perdre de vue cette particularité, et songer constamment à l'auditoire *difficile* qui les écoutera réciter. Il faut élaguer impitoyablement les longueurs, les vers inutiles, fussent-ils beaux, tout ce qui n'est pas indispensable à l'intérêt du morceau et qui nuit à sa rapidité.

Ces qualités d'animation, d'intérêt sont plus indispensables encore dans le dialogue et à plus forte raison dans les scènes à plusieurs personnages.

Dès que l'action languit, dès que le dialogue dégénère en sermons, en discours, en descriptions, en récits interminables, c'en est fait de l'intérêt de la pièce. Celle-ci s'effondre lamentablement devant l'indifférence du public, quel que soit le talent de ses interprètes.

La vivacité, la variété de l'action, la transformation rapide des situations, avec les seules paroles strictement nécessaires pour permettre de suivre le développement du *scenario,* voilà les conditions indispensables de succès de toute pièce à dire, depuis le simple monologue jusqu'à la comédie en cinq actes.

Ce résultat ne s'obtient que par un travail prolongé, par la préoccupation de l'effet que produiront sur les auditeurs chaque scène, chaque parole. Il faut rechercher les *effets de scène,* c'est-à-dire les rencontres émouvantes ou comiques, les mots heureux, et élaguer, rogner, retrancher tout ce qui ne concourt pas au but.

En ces sortes d'œuvres, tout détail, toute phrase *inutiles* sont *nuisibles.*

C'est d'ailleurs un excellent exercice littéraire
que de s'essayer à ces compositions.

Amusements poétiques. — On ne peut pas dési-
gner autrement les morceaux qui sont plutôt
des exercices de versification que des poésies,
et dont le but est moins d'exprimer des sentiments poétiques que de surmonter quelque difficulté dans la composition des vers.

Tel est, par exemple, l'acrostiche (en grec,
vers à tête), petite pièce composée d'autant de
vers qu'il y a de lettres dans un mot, et dont
chaque vers commence par une des lettres de
ce mot, prises dans leur ordre naturel de succession.

Voici, par exemple, un acrostiche présenté
à Louis XIV par un poète qui avait plus d'esprit que d'argent :

Louis est un héros sans peur et sans reproche ;
On désire le voir. Aussitôt qu'on approche,
Un sentiment d'amour enflamme tous les cœurs ;
Il ne trouve, chez nous, que des adorateurs ;
Son image est partout, excepté dans ma poche.

L'acrostiche était connu des anciens : il fut
cultivé surtout par les versificateurs latins de
la décadence, puis par les écrivains de la Renaissance, qui augmentèrent à l'envi les difficultés
de ce jeu d'esprit.

L'*acrostiche double* est celui dans lequel le
même mot est reproduit au commencement et
au milieu ou à la fin des vers.

Le *pentacrostiche* est la pièce de vers qui
reproduit cinq fois le même mot, à la même
place *dans le sens vertical.*

Le *bout-rimé* présente une certaine analogie
avec l'acrostiche. C'est une pièce de vers à com-

poser sur des rimes *données d'avance*, par conséquent dont les fins de vers sont déjà rimées. Généralement, on cherche à embarrasser l'auteur, en lui imposant des rimes aussi bizarres et aussi incohérentes que possible, mais en lui laissant le choix du sujet à traiter, car un sujet également *imposé* augmenterait considérablement la difficulté.

Ainsi, les quatre rimes en apparence inconciliables : *cachalot, manchette, escargot, brouette*, ont été ingénieusement remplies de la manière suivante :

Un jour, aux champs, pris d'une faim de *cachalot*,
J'explorai tous les trous, relevant ma *manchette*,
Cherchant patiemment le subtil *escargot;*
Et j'en trouvai de quoi remplir une *brouette*.

Le *logogriphe* (en grec, *discours emmêlé*) est une pièce de vers décrivant les assemblages successifs d'un groupe de lettres qui, diversement combinées, forment des mots différents qu'ils faut deviner.

Le logogriphe tient le milieu, comme *jeu d'esprit*, entre le *rébus* et *l'énigme*. Dans le langage particulier qu'il emploie, on donne le nom de *pied* à chacune des lettres dont le mot à trouver est composé ; celui de *tête* à la première lettre, celui de *queue* à la dernière, celui de *cœur* à celle du milieu, et celui de *corps* au mot entier.

Je suis fort triste avec ma tête,
Et souvent fort gai sans ma tête ;
Je te détruis avec ma tête,
Et je te nourris sans ma tête ;
On me fait tous les jours sans tête ;
Rien qu'une fois avec ma tête.

Les mots sont : *trépas, repas*.

Sur quatre pieds j'entends, et sur trois je réponds.

Les mots sont : *ouïe, oui*.

> Vous pouvez, sans fatigue extrême,
> Cher lecteur, me décomposer :
> Car je n'ai que six pieds. Sans y rien transposer,
> Otez-moi le dernier, je suis toujours le même :
> Otez-m'en deux encore et sachez bien
> Qu'à ma nature ainsi vous n'avez changé rien.

Le mot est *rocher,* dans lequel on trouve *roche* et *roc.*

La *charade* est une espèce de logogriphe qui consiste à décomposer un mot de plusieurs syllabes en parties dont chacune fait un mot.

Le mot décomposé se nomme *entier* ou *tout.* Les parties se nomment, dans leur ordre naturel de succession, *premier, second, troisième, dernier.*

> Mon premier est un métal précieux,
> Mon dernier est un habitant des cieux,
> Mon tout, un fruit délicieux,

Le mot est *orange.*

Comme on le voit, les vers ne servent, dans tous ces amusements, qu'à faciliter à la mémoire le souvenir de ces divers petits morceaux.

On peut aussi ranger parmi les « amusements poétiques » tous les tours de force de versification, dont le principal mérite tient, presque en entier, dans la difficulté vaincue, comme ceux qui, par la coupe des vers, donnent la forme d'un objet.

Tels sont le *Flacon* et le *Verre,* du joyeux poète Panard.

Autre amusement de la même catégorie :

L'ALPHABET DU MARIAGE.

> Le jour où l'on nous mari.................... A
> Je m'en souviens, Monsieur l'a.............. B
> Quand la Messe fut commen................. C
> Nous dit : « Il faudra vous ai............... D
> » Madame, vous obéir..................... E
> » A votre époux, à votre ch................. F

» Puisqu'il ne pourra plus chan............... G
» Pour éviter qu'il ne se f................. H
» Ayez toujours un air gent I
» Montrez un front pur qui rou............. J
» Evitez tous les mauvais................. K
» C'est ainsi que toujours près d'........... L
» Retenant son époux qui l'............... M
» Une femme évite sa................... N
» Mais s'il buvait son vin sans............ O
» Et se mettait à la fra................. P
» Qu'elle reste bien convain............. Q
» Qu'en lui montrant toujours bon.......... R
» En l'enchaînant par la tendr............ S
» L'homme, en voyant tant de bon.......... T
» En deviendra bientôt conf.............. U
» Son amour sera retrou................. V
» Le ménage aura le beau f............... X
» En France comme au pay............... Y
» Il faut s'aider pour qu'on nous........... Z

Amusement poétique encore, cette réponse
originale sur une seule rime, adressée par Théophile Gautier à Charles Garnier, l'architecte
de l'Opéra de Paris, qui l'avait invité à dîner :

Garnier, grand maître du fronton,
De l'astragale et du feston,
Mardi, lâchant là mon planton,
Du fond de mon lointain canton
J'irai chez toi, tardif piéton,
Aidant mes pas de mon bâton, etc.

Enfin, nous rangerons dans la même catégorie les vers dits *macaroniques*, vers burlesques
dans lesquels on mélange, sans aucune règle
fixée, des phrases et des mots latins à des
phrases et à des mots d'une langue vivante,
quelquefois en latinisant d'une manière comique
des mots vulgaires comme dans un ouvrage de
Jean-Edouard de Monin : *Recitus veritabilis
super terribili esmeuta paysanorum de Ruellio*, où
l'on trouve des vers dans le genre de celui-ci :

Enfilavi omnes scadrones et regimentos.

Vers macaroniques, ceux que les écoliers mettaient sur la couverture de leurs livres au-dessous d'un dessin représentant un pendu :

*Aspice Pierrot pendu
Qui hunc librum n'a pas rendu
Si hunc librum reddidisset
Pierrot pendu non fuisset.*

La curieuse réception au doctorat en méde-cine du *Malade imaginaire* est en vers macaro-niques.

CHAPITRE XI

Conseils aux débutants dans l'art poétique.

LIRE *à haute voix des vers classiques.* — Il ne suffit pas de connaître les lois de la versification pour être immédiatement capable, par cela seul, de composer des vers, pas plus que la lecture d'un traité d'équitation ne met en mesure de monter à cheval.

Ce qui importe, lorsqu'on possède les notions préliminaires et indispensables de l'art des vers, c'est de les appliquer méthodiquement, en se livrant à une série d'exercices gradués, permettant d'aborder, l'une après l'autre, les diverses difficultés de la poésie.

La première chose à faire, c'est de se mettre dans l'oreille le rythme et la cadence de la versification, de telle sorte que le *sens de la mesure* devienne comme une habitude inconsciente, une seconde nature, et que l'on s'aperçoive instinctivement, à la simple lecture, du défaut d'un vers non métrique.

La meilleure manière d'obtenir ce résultat, c'est de lire à *haute voix,* en les scandant nettement, de beaux vers *classiques* des meilleurs auteurs : Boileau, Racine, Corneille, Molière et surtout La Fontaine, qui a introduit, dans ses fables, des vers de toutes les mesures.

La lecture mentale ne suffit pas. Elle est même totalement incapable de faire saisir, avec la netteté désirable, le rythme des vers, tant que l'on n'en a pas acquis l'habitude. En outre, elle présente l'inconvénient grave de satisfaire l'œil et l'esprit, sans que le contrôle de l'oreille vienne révéler les défectuosités harmoniques du vers.

Au contraire, la lecture à haute voix ne procure pas seulement l'accoutumance à la mesure poétique : elle meuble la mémoire de mots choisis et sonores, de *rimes* inoubliables, qui, par l'oreille, pénètrent dans le souvenir beaucoup plus profondément que s'ils n'y entraient que par les yeux.

Il y a donc multiple bénéfice à s'astreindre à la déclamation correcte, répétée, incessante, des bons vers classiques, comme introduction à la pratique de la versification.

Cet exercice est particulièrement utile au moment où l'on veut se livrer à la composition poétique, et cela, en vertu d'un mode de sensibilité à la fois physique, morale et intellectuelle, dont il est facile de citer de nombreux exemples : la sensibilité à l'*entraînement*.

Chez les animaux eux-mêmes, on a remarqué ce phénomène, d'ordre purement physique : l'exemple ne suscite pas seulement les actes, mais encore l'intensité des actes s'accroît proportionnellement à l'intensité de l'exemple donné. C'est le cas de dire, ou jamais : *Exempla trahunt,* les exemples entraînent.

Ainsi, le cheval qui trotte mollement s'anime sans le stimulant de la voix ou du fouet, si, à côté de lui passe un autre cheval à l'allure allongée. Il allonge alors lui-même le trot, pour se mettre à l'unisson du cheval qui le dépasse.

Ce phénomène est bien connu des coureurs, des cyclistes. De là le rôle si important des *entraîneurs,* destinés à soutenir, à accélérer même, l'allure des coureurs fatigués.

Les mêmes faits se reproduisent dans le domaine intellectuel.

Avez-vous à écrire, et éprouvez-vous quelque difficulté à vous mettre en route? Lisez, *à haute voix*, seulement une page d'un livre se rapportant le plus possible au sujet que vous avez à traiter, puis prenez la plume.

Le charme est rompu! Les mots, les phrases, vous arrivent avec facilité, avec abondance... Votre lecture vous a *amorcé*, entraîné.

Avez-vous à parler en public?... Lisez, *à haute voix*, un discours analogue à celui que vous devez prononcer, ou ce discours lui-même, si vous l'avez rédigé, ou encore un discours quelconque, mais vibrant, bien écrit, en vous pénétrant du sujet et en vous mettant tout à fait « dans la peau » de l'orateur.

Vous serez étonné de la facilité avec laquelle les expressions vous viendront ensuite aux lèvres pour rendre vos propres idées. C'est de l'*entraînement!*

Après la lecture à haute voix d'un certain nombre de bons vers, le rythme et la cadence se sont insinués dans l'esprit et dans l'oreille, et alors les phrases se *polarisent* d'elles-mêmes. On trouve avec facilité la mesure, la césure, les mots, les désinences, et l'on versifie avec aisance.

Pour faire des vers, comme pour tout travail, *il faut s'entraîner!*

La fécondité de la lecture *à haute voix*, en cette circonstance, provient de ce fait que la poésie (comme l'éloquence et l'art dramatique) met surtout en œuvre des *sonorités*.

o
o o

Choix des idées à mettre en vers. — Si l'on envisage la question au point de vue absolu, tout peut se mettre en vers, même la *table des logarithmes*. On a bien mis en vers les *racines grecques !*

Il est vrai que, dans ce dernier cas, il s'agit, non d'une tentative poétique, mais d'un artifice mnémotechnique, permettant aux écoliers de mieux retenir leurs leçons, parce que les vers se fixent plus facilement dans la mémoire que la prose.

Mais cela ne veut pas dire que tous les sujets soient poétiques, ni surtout qu'il soit indifférent de prendre, au hasard, n'importe quel sujet.

La poésie, par son caractère même, mérite que nous nous fassions d'elle une très haute opinion, et que nous la considérions comme une expression supérieure de la pensée, ne devant jamais s'abaisser à prêter son rythme aux idées vulgaires.

C'est pour avoir perdu de vue cet aspect élevé de la poésie, que quelques auteurs, dont Victor Hugo lui-même, n'y voyant qu'*une simple forme d'expression* comme toutes les autres, ont déclaré que tout l'art des vers tenait dans cette expression, quelles que fussent les idées exprimées, même les plus abjectes.

Et comme lorsqu'on s'engage dans la voie de l'erreur, on ne s'arrête jamais à mi-chemin, on a vu toute une école, se disant *réaliste,* proclamer que le grand art consiste à peindre, en vers puissants, toutes les laideurs, toutes les tares, toutes les difformités physiques, toutes les hideurs morales.

Ces *réalistes* n'aperçoivent, dans la *réalité,* aucune de ses admirables harmonies, de ses divines beautés, de ses consolantes espérances au milieu même de la douleur et dans les affres de la mort : aucune des vertus qui y fleurissent comme les vergers au printemps. Ils n'y voient que l'atroce fatalité, aveugle, brutale, jetant l'humanité, comme le monde, dans le chaos des forces s'entre-choquant sans frein. Pas un mot de ce qui fait la grandeur, la gloire, l'honneur de l'homme. Leurs yeux, dans la société, ne distinguent qu'une fermentation putride, d'où s'exhalent tous les relents du vice.

Job ne voyait pas son fumier lorsqu'il s'écriait : *Scio quod Redemptor meus vivit.* « Je sais que mon Rédempteur existe ! »

Eux ne voient que le fumier : ils s'y enfoncent, ils s'y complaisent et mettent en vers

> Les durillons, les cors aux pieds et les verrues.

Poussée à ce point, l'exagération des réalistes est du pur charlatanisme ! Affamés de réclame, suppléant au talent par des coups de tam-tam, ce sont de vulgaires pitres qui, par des cabrioles, essayent d'attirer l'attention des badauds.

Ce que l'homme cherche instinctivement dans la poésie, ce n'est pas l'exacerbation de ses peines et de ses misères, c'est, au contraire, une diversion aux vulgarités et aux banalités de la vie.

Si, au lieu de l'ancre d'espérance à laquelle il cherche à s'accrocher, vous lui jetez la douche froide du scepticisme, non seulement vous n'êtes pas dans le *vrai,* non seulement vous n'êtes pas dans le *beau,* mais surtout vous n'êtes pas dans le *bien,* car vous commettez, avec art, une mauvaise action, en tuant dans l'âme toute lumière, toute envolée, toute joie.

Votre nom restera, *peut-être,* dans l'histoire, mais dans la catégorie des *poètes malfaisants !* C'est ainsi que l'on sait que le fou Erostrate incendia le temple merveilleux d'Ephèse. Est-ce une célébrité enviable ?

Nous refusons donc le nom de poésies à toutes les œuvres malsaines qui, au lieu de réjouir et d'élever le cœur de l'homme, le dessèchent et le corrompent.

D'instinct, tout le monde sait distinguer les idées hautes et poétiques des idées basses et vulgaires.

Seules, les premières méritent d'être mises en vers.

∴

Le choix des mots. — De même qu'il y a des idées poétiques et des idées vulgaires, de même il y a des expressions poétiques et des expressions vulgaires.

Lorsque Victor Hugo a écrit :

J'appelai le cochon par son nom : pourquoi pas?

il a donné lui-même la démonstration flagrante qu'il y avait des *trous* dans son génie poétique.

Pythonisse en redingote, incapable, dans l'enthousiasme du trépied sacré, de discerner les inspirations qui viennent de Dieu de celles qui viennent du diable, Victor Hugo a été, soit tour à tour, soit en même temps, vulgaire et magnifique, bas et lyrique, flamboyant et ridicule.

Il n'est pas vrai que tous les mots puissent être employés dans les vers, car il y a des expressions qui, par leur nature même, sont tout ce qu'il y a de plus anti-poétique.

Les poètes grecs et latins l'avaient fort bien compris. Il y avait certains mots choisis, harmonieux et sonores, qui faisaient partie de ce que l'on appelait avec une précision bien explicite : *le langage poétique*.

. Dans la langue française, il y a également des mots *nobles* employés à peu près exclusivement en poésie, comme *coursier* pour *cheval,* *glaive* pour *épée,* etc.

Cela seul indique de quelle importance est le choix des mots pour conserver aux vers leur caractère élevé.

En règle générale, il y a intérêt esthétique à bannir les mots vulgaires, les expressions triviales, tout ce qui éveille des images basses, viles, immorales.

Il est aussi recommandé de ne pas employer les vocables qui, par leur sonorité dure, leurs articulations revêches, sont nuisibles à l'harmonie des vers.

En vertu du même principe, le poète qui aime réellement son art s'attache à se faire une langue à lui, uniquement composée d'expressions « poétiques », c'est-à-dire nobles, douces, sonores, en un mot, de nature à donner au vers son maximum de beauté.

Théophile Gautier — trop sensuel et trop païen pour être un vrai poète (dans le sens plein du mot), mais qui fut du moins un artiste du vers — a poussé à l'extrême cette recherche des dénominations et des verbes esthétiques. Il consacrait un temps considérable à fouiller dans les dictionnaires et les encyclopédies les plus variées, depuis le *Dictionnaire des Arts et Métiers,* jusqu'aux *Dictionnaires de Marine,* du *Blason,* etc., dans tous les vieux lexiques, notant au passage les mots qui, par leur tournure, lui paraissaient de nature à figurer harmonieusement dans un vers.

Ce qu'il poursuivait ainsi, ce n'était pas l'étrange, le stupéfiant (comme Victor Hugo, qui se plaît à amonceler dans ses vers des vocables baroques, uniquement pour étonner le lecteur). Théophile Gautier, lui, faisait réellement de l'art, et, ce qu'il recherchait partout, c'étaient les « gemmes » de la langue française. Il les collectionnait, en faisait un recueil, et, lorsque l'occasion se présentait, il les sertissait harmonieusement dans ses vers.

Cela lui fit faire de très intéressantes découvertes. Ainsi, il trouve, un jour, dans un *Dictionnaire du Blason,* que l'expression héraldique *vair* (du latin *varius,* varié) désignait autrefois, dans le langage courant, une sorte de fourrure, alternativement blanche et grise, dont on recouvrait des collets, des gants, des *pantoufles,* etc. Il y avait donc des *pantoufles de vair !* Cette consonance rappelle à Théophile Gautier l'incompréhensible pantoufle *de verre* de Cendrillon. Il se souvient que les *contes* de Perrault, bien longtemps avant d'être imprimés, se transmirent oralement, et il n'a pas de peine à démontrer que c'est par une confusion de sons que la pantoufle de *vair* de Cendrillon s'est transformée illégitimement en une inexplicable pantoufle de *verre.*

Ce petit fait montre quelles trouvailles on peut réaliser lorsqu'on se livre à la « chasse aux mots ».

Cet exercice n'est pas à dédaigner et vous pouvez utilement avoir un carnet où vous réunirez les mots, les tournures qui vous frapperont par leur harmonie, par leur beauté. Groupez même, sur certaines pages, les mots à sonorité semblable, pour les assembler, à l'occasion, dans des vers qui se prêtent à l'*harmonie imitative.*

Car tout n'était pas faux dans les prétentions des *décadents.* Leur erreur était greffée sur un fait incontestable : l'agréable musique que chantent à l'oreille les jolis mots bien ordonnés. Où ils se trompaient, c'est lorsqu'ils assemblaient ces mots sans leur donner un sens. Que ne se sont-ils efforcés de faire concorder les idées poétiques avec les harmonies sonores !

C'est ce que nous allons mettre en évidence.

L'harmonie imitative. — De tout temps, les poètes ont tiré parti des mots imitant, par leur propre sonorité, les bruits qu'ils voulaient dépeindre.

Virgile, pour exprimer le mouvement du bœuf qui se couche à terre, écrit :

...Procumbit humi bos

Syllabes dont l'assemblage reproduit le bruit que fait la grosse masse du ruminant se laissant choir lourdement sur le sol.

Boileau veut-il exprimer l'effort du bœuf ouvrant la terre dure avec la charrue ? Il écrit ce vers, qui serait extrêmement dur si cette dureté n'était pas tout justement voulue et imitative :

Traçât à pas tardifs un pénible sillon.

De même, dans ce joli vers de François Coppée *(Severo Torelli)*, on entend bruire l'eau :

Le doux bruit des sources.

On emploie aussi en prose ces harmonies imitatives :

« Bientôt, le voisinage de la Reliane s'annonçait par *la molle rumeur des ondes. Les bruits de grelots des ruisselets se mêlaient aux chuchotements des cascades et aux murmures des vagues refoulées.* »

Les décadents croyaient qu'il était possible d'appliquer l'harmonie imitative à l'expression de tous les sentiments. Peut-être n'avaient-ils tout à fait tort, car le langage, étant un écho de nos sentiments, doit posséder certaines sonorités qui concordent mieux que d'autres avec nos impressions intimes.

Seulement, ils s'y sont mal pris et se sont montrés inconséquents vis-à-vis de leurs propres principes, puisqu'ils ont aligné des mots sonores *quelconques* sans se préoccuper de leur donner une signification.

Ajoutons qu'il s'est mêlé au bruit fait par les décadents un grand amour de la réclame, ce qui leur a fait perdre de vue les véritables intérêts de l'art et les a « aiguillés » vers le charlatanisme.

Leur tentative serait à reprendre ; dégagée de ces travers, elle pourrait avoir son utilité, si on la limitait à grouper également les sonorités de la langue dans des vers, mais dans des vers significatifs.

Telle cette description d'un « lever de soleil » par des *vers polyharmoniques* de ce genre :

L'Orient, à l'aurore, auréolé d'or pur,
Plein de gloire lançait des glaives dans l'azur :
Glaives sanglants d'abord, puis de cuivre et de flamme ;
La brume s'éclairait ainsi qu'une oriflamme,
Et les refrains joyeux des oiseaux au réveil
En un rythme royal saluaient le soleil, etc.

On s'apercevra que l'harmonie de ces vers est fondée sur la répétition des lettres *r* et *l* associées à des syllabes aussi sonores que possible. En outre, il s'y mêle des retours de consonances dans *gloire, glaives, sanglants ;* des mots très fluides pour faire opposition, comme *joyeux, oiseaux,* et plusieurs *parallélismes sonores* secondaires, comme *saluaient, soleil.* On constatera, en outre, que la clarté n'a pas été sacrifiée à la sonorité.

Comme exercices de versification, ces essais

peuvent être conseillés à ceux qui débutent dans l'art des vers, parce que c'est le meilleur moyen qu'ils puissent employer pour enrichir leur langage poétique.

Exercices pratiques de versification. — On peut utilement se former à la pratique de la versification en essayant de mettre en vers un beau morceau de prose choisi dans un bon auteur.

Un autre excercice utile consiste, à lire quelque bonne poésie, et à essayer ensuite rétablir de mémoire les vers. On compare ce que l'on obtient ainsi avec le travail du maître, et l'on se rend compte de ses procédés et du choix de ses mots.

Enfin, avant de composer des vers, il est nécessaire non seulement de choisir un sujet, mais même d'en arrêter les lignes et de savoir exactement ce que l'on veut dire. Boileau a dit justement :

> Avant donc que d'écrire, apprenez à penser.
> . . . .
> Ce que l'on conçoit bien s'énonce clairement
> Et les mots, pour le dire, arrivent aisément.

Il est donc bon d'établir tout d'abord en prose le cadre du travail et le développement de la pensée.

Lecture à haute voix de la composition. — Lorsqu'on a composé une pièce de vers, la première épreuve à laquelle on doive la soumettre, c'est *la lecture à haute voix.*

Cette épreuve, si elle est bien faite, révélera facilement les fautes de rythme, de cadence, les hiatus, les mauvaises consonances, etc.

Il ne faut pas se contenter d'une seule lecture. Nous avons tous une tendance bien naturelle à être indulgents pour nos propres productions. C'est l'éternelle histoire du hibou :

Mes petits sont mignons !

Or, en vertu de cette indulgence, il pourrait arriver qu'après une seule lecture le contentement de l'auteur fît tort à la justesse d'appréciation de son oreille, et qu'il trouvât harmonieux des vers qu'il jugerait beaucoup plus sévèrement s'ils n'étaient pas de lui.

Il est donc prudent d'employer, contre-soi-même, le stratagème suivant. Lire, une première fois, ses propres vers, à haute voix, bien attentivement. Immédiatement après, lire de même une pièce analogue d'un bon auteur. Enfin, se relire soi-même, toujours à haute voix, et voir si la cadence et l'harmonie concordent dans les vers qui servent de terme de comparaison et dans ceux que l'on a composés.

C'est là une excellente *pierre de touche*. Et il est bon de répéter cette épreuve plusieurs fois plutôt que de se contenter d'une seule.

Il sera même bon d'attendre, pour une seconde et une troisième lecture, un jour, plusieurs jours. On voit alors des imperfections jusqu'alors inaperçues.

L'épluchage de vos vers : chevilles, mauvaises rimes, etc. — La lecture à haute voix, très utile pour le contrôle de nos propres vers, n'en donne cependant qu'une vue d'ensemble.

Elle ne met en relief que les fautes criardes et peut laisser dans l'ombre bien des imperfections moins sensibles à l'oreille.

Aussi, après cette épreuve générale, est-il

indispensable de reprendre la poésie que l'on a composée et de l'examiner attentivement, vers par vers.

Il faut prendre chacun de ceux-ci l'un après l'autre et l'éplucher consciencieusement, pour s'assurer s'il ne contient aucune faute de versification.

Mais cela ne suffit pas. Même si les vers sont corrects quant à la mesure et à la rime, ils peuvent être bourrés de ces mots de remplissage qui ont reçu le nom caractéristique de *chevilles*. A celles-ci, faites une chasse impitoyable. Un vers « chevillé » est toujours un mauvais vers. Ayez à cœur de n'admettre dans vos poésies aucun mot qui ne soit utile au *sens* ou à la *beauté* de la phrase.

Enfin, il importe de se montrer très difficile pour les rimes et de ne pas se contenter de rimes simplement suffisantes.

Naturellement, les corrections exigées par l'élimination des fautes de versification, des chevilles et des rimes trop peu riches ne se borneront pas toujours au simple changement d'un mot.

Souvent ces changements entraîneront celui d'autres mots, de phrases, de vers entiers.

Si bien qu'à la suite de ce travail de revision, l'ensemble de la poésie n'aura plus du tout la même sonorité ni peut-être la même cadence qu'on lui avait donnée en lui faisait subir le contrôle de la lecture à haute voix.

Une seconde lecture du même genre, après corrections, est donc indispensable. On la fera alterner, comme précédemment, avec la déclamation d'une bonne pièce de vers, pour en contrôler le rythme et l'harmonie.

Si cette lecture provoque de nouvelles corrections, celles-ci devront être faites avec la préoccupation de né pas retomber dans des fautes de versification et des chevilles. Une revision devra être faite à ce point de vue particulier. Puis aura lieu une autre lecture de contrôle.

Les lectures et les corrections se succéderont ainsi jusqu'à ce que l'on ait réussi à faire une pièce de vers donnant toute satisfaction à tous les points de vue.

*

Est-ce à dire que, même alors, on pourra la considérer comme définitive? Lorsqu'on vise à la perfection ou simplement à l'esthétique, il ne faut jamais se presser de déclarer une œuvre *finie*.

Après toutes ces revisions, qui ont porté sur la sonorité et la cadence de l'ensemble, puis sur la correction et la valeur de chaque vers en particulier, il reste possible de faire mieux encore.

La tâche consiste alors à passer en revue chaque mot, chaque expression, chacune des tournures dont on s'est servi, et à rechercher si on ne pourrait pas rendre ces termes ou ces formes plus précis, plus élégants, plus harmonieux, plus poignants, plus grandioses, etc., soit par des substitutions, soit par des inversions, soit par d'autres artifices, dont nous avons indiqué, dans les chapitres précédents, bien des exemples.

Ici encore, chaque correction devra être suivie d'une lecture de *contrôle*, jusqu'à parfaite satisfaction!

C'est par ce travail inlassable que le poète cisèle son vers et l'orne comme un joyau. C'est ainsi qu'il obtient ces formes admirables de poésie qui chantent à la fois à l'esprit, au cœur et à l'oreille en une harmonie saisissante.

Cette sollicitude pour la forme du vers est une des qualités maîtresses du poète, pourvu que celui-ci ne lui sacrifie pas la pensée et ne tombe pas dans les aberrations des *décadents*. L'erreur de ces derniers était d'autant plus grande, que ces deux éléments de la vraie poésie : l'*idée*, l'*expression*, bien loin de s'exclure, lorsqu'on les cultive en vue de l'art, se prêtent, au contraire, un mutuel concours.

La phrase devient toujours d'autant plus belle que la pensée qu'elle exprime est également empreinte du cachet de la beauté, et, par contre, la pensée gagne à être rendue en un langage esthétique.

Cela est déjà vrai en composition littéraire et en éloquence, mais cela est surtout vrai en poésie. Il ne faut jamais l'oublier.

o
o o

Il ne nous reste plus à formuler qu'un avis général applicable à tous les genres de compositions poétiques.

Ceux qui se livrent à la pratique de la versification sont exposés à deux excès contraires, aussi nuisibles l'un que l'autre au succès de leurs tentatives : ce sont la *présomption* et le *découragement*.

La présomption résulte de la trop grande indulgence que l'on éprouve pour ses propres productions. On se contente de peu, de trop peu, tant pour les idées que pour la mesure et pour les rimes, et l'on se décerne complaisamment un brevet de poète pour des œuvres qui, souvent, méritent tout au plus le titre d'exercice de versification.

D'autres, au contraire, parce qu'ils ont échoué une ou deux fois dans leurs tentatives pour mettre d'aplomb quelques vers, se désolent, se découragent, se croient incapables de réussir, jettent le manche après la cognée et abandonnent la partie.

Ces deux excès sont blâmables. D'une part, il faut se montrer difficile pour ses propres productions, si l'on tient réellement à faire des progrès dans l'art des vers. D'autre part, ce n'est pas l'insuccès de quelques essais qui présage quoi que ce soit quant à la réussite finale.

Nous insistons donc sur ces deux qualités essentielles que doivent s'appliquer à acquérir les versificateurs et les poètes : la critique sévère d'eux-mêmes, l'inlassable persévérance !

***

CONCLUSION

En écrivant ce livre, nous n'avons jamais perdu de vue le programme que nous nous étions assigné.

Il s'agissait, tout d'abord, d'éclairer le lecteur sur la nature et le rôle de la versification française, et de lui permettre de discerner, dans les divers genres de poésies, ce qui distingue les bons vers des vers médiocres ou franchement mauvais.

En démontant, pièce à pièce, le mécanisme de la versification, nous croyons avoir atteint ce premier objet de façon à ne laisser aucune obscurité, aucun doute, dans la pensée de ceux qui liront ces lignes.

Nous voulions, en outre, mettre ceux qui le désireraient en mesure de faire fonctionner eux-mêmes ce mécanisme du vers français, de telle sorte qu'ils fussent capables de composer des poésies correctes ou de corriger des poésies défectueuses.

Aussi, à côté des éléments d'appréciation de la valeur des vers, avons-nous eu soin de placer les procédés de composition. Nous nous sommes appliqués à les indiquer en règles simples, pratiques, éclairées par des exemples.

Dans beaucoup de traités *classiques* de versification, les règles sont formulées comme des *textes de lois*, sans que l'on songe jamais à les justifier par l'*exposé des motifs*. On ne voit pas leur pourquoi et dès lors ces préceptes qu'ils contiennent apparaissent comme des produits

de pure fantaisie, qu'une autre fantaisie peut
modifier. De là les écarts que se permettent
tant de versificateurs et de poètes, qui n'ont
pas aperçu la raison primordiale des principes
établis.

Pour remédier à cette lacune, nous avons
fait, en quelque sorte, la *philosophie de la versification*. Nous avons démontré amplement que
non seulement la poésie, mais la versification
elle-même a ses racines profondes dans les
mouvements normaux de l'âme, et que toutes
les règles auxquelles elle obéit découlent logi-
quement des lois naturelles qui ont régi de tout
temps l'expression des pensées et des sentiments humains.

Les règles de la versification sont comme
autant de rameaux apportant la sève indispensable à la poésie, cette floraison de l'âme.

Supprimer ou mutiler ces rameaux, c'est
tuer la fleur !

TABLE DES MATIÈRES

INTRODUCTION. — Il est utile de connaître les lois de
la versification française....................   V

CH. Ier. — Caractères essentiels des vers. Nature et
mécanisme de la versification..................   1

CH. II. — Le rythme en général. Le rythme des vers
français...................................   12

CH. III. — La quantité........................   17

CH. IV. — La césure..........................   23

CH. V. — La rime............................   28

CH. VI. — Hiatus. — Licences poétiques.........   40

CH. VII. — Principales fautes de versification.....   55

CH. VIII. — Différentes mesures des vers français..   66

CH. IX. — La versification et la poésie...........   84

CH. X. — Les différents genres de poésie.........   97

CH. XI. — Conseils aux débutants...............   121

CONCLUSION   137

IMPRIMERIE
"MAISON DE LA BONNE PRESSE" (S. AN.)
5, RUE BAYARD, PARIS-8e

1926-369.

IMPRIMERIE
"MAISON DE LA BONNE PRESSE" (S. AN.)
5, RUE BAYARD, PARIS-8ᵉ